金融帝国史

华尔街简史

现代金融业的诞生、发展和危机

[美] 威廉·D.科汉 —— 著

李晟 —— 译　丛枫 —— 导读

浙江大学出版社
ZHEJIANG UNIVERSITY PRESS

目录

绪言　华尔街是什么

过去十年来，美国国内有关华尔街的讨论已经变得极为夸张和激烈，成为一个无法避免又充满争议的话题。如果你和大多数人一样，只是个普通人，各种愤怒的声音一定会让你完全抓不住讨论的重点。也许你认为整个金融系统都烂透了；也许你认为华尔街上一定有各种贪得无厌、挥霍无度和肮脏不堪的行为，那些应该为此负责的人却无须承担任何后果。不过，解决这些问题的正确之道是否就是拆分大银行呢？或许，令你一头雾水的正是这种说法。

单单是"华尔街"这个词，也会引起困惑。这个词到底是什么意思？是指一个实际存在的地方吗？是否只局限于规模较大的投资银行？有没有涉及规模较小的银行？对冲基金和私人股本公司是否包括在内？是指整个纽约金融界吗？美国其他地方的银行、对冲基金和私人股本公司是否也算在其中？全球的金融系统呢？我们如今还用这个词来指代什么？对此，大部分人都毫无头绪。威廉·福克纳（William Faulkner）[1]曾经称美国南方是"情感概念"而非"地理方位"。华尔街是否也只是一个"情感概念"？

类似的问题越来越多。我们不妨定义何谓**华尔街**。可即便有了定义，又应该如何看待它呢？我们应当愤怒，因为华尔街自私成性、违法成风，似乎是一道裸露在外、溃烂化脓的伤口？或者，我们应当满意，因为近年来每当美国经济恶化，华尔街便自然而然地成为政客们口诛笔伐的对象？

抑或**华尔街**是一个完全不同的概念？它可能是为资本主义制度输送血液的左心室？可能是一台设计精良的引擎，推动着创新、就业和财富创造，并持续不断地帮助全球各地数十亿人摆脱贫困、过上更为优渥富足的生活？

对于华尔街，我们究竟应该赞扬还是谴责？

这是一个会引发激烈争论的根本性问题，大部分人至今都不知道该如何回答，或者不敢尝试回答。如果强迫回答，他们可能会本能地赞同18世纪启蒙哲学家让·雅各·卢梭（Jean-Jacques Rousseau）[2]的观点。卢梭曾说，"金融"是"一个奴役人心的词"，而金融业则无异于"一种制造小偷和叛徒、

---

[1]威廉·福克纳（1897—1962），美国小说家，1949年诺贝尔文学奖得主。——本书所有注均为译注。

[2]让·雅各·卢梭（1712—1778），法国著名启蒙思想家、哲学家、教育家、文学家。

将自由和公共利益摆上拍卖台的手段"。在现代社会，同样
的情绪反映在伯尼·桑德斯（Bernie Sanders）的思想中。桑德
斯是佛蒙特州[1]的参议员、前民主党总统候选人。2016年在
总统大选期间的政治演说中，他对华尔街大加鞭挞。"贪婪、
欺诈、狡猾、傲慢，这些词是当今华尔街最真实的写照。"
他在2016年1月如此说道。随后，他提到了奥利弗·斯通
（Oliver Stone）[2]1987年执导的电影《华尔街》，用其中的一幕
"致敬"当代华尔街最为出名的一条文化准则。在这一幕中，
由迈克尔·道格拉斯（Michael Douglas）[3]扮演的戈登·盖柯
（Gordon Gekko）满嘴油滑、洋洋自得地对志向远大的年轻徒
弟巴德·福克斯（Bud Fox）［由查理·辛（Charlie Sheen）[4]扮
演］进行了一番说教，主旨是"贪婪是个好东西"。"对于此
刻可能正在听我讲话的华尔街人士，我要明确一点，"桑德斯
参议员继续说道，"贪婪可不是个好东西。事实上，华尔街和
美国企业界的贪婪正在摧毁我们的国家机制……在华尔街的
操控下，我们的经济和政治体制不惜牺牲其他所有人的利益，
一心只为美国最富有的人牟利。对此我们将不再容忍。"

---

[1]美国东北部新英格兰地区的一个州。

[2]奥利弗·斯通，好莱坞导演。

[3]迈克尔·道格拉斯，美国电影演员、制片人。

[4]查理·辛，美国演员。

桑德斯参议员运用自己日益壮大的政治力量，主导了2016年民主党党纲中的反华尔街言论。党纲称："要恢复经济公平"，"华尔街就不能是一座自主为政的岛屿，不能一面把数万亿美元投向高风险的金融工具并从中赚取巨额利润，一面又认为纳税人会再一次救他们于水火之中。我们必须着手处理大银行以及金融系统其他领域存在的高危风险。"为此，民主党主张"拆分那些对经济稳定构成系统风险的'大到不能倒'（too-big-to-fail）的金融机构"，实行"经过更新和改进"的《格拉斯-斯蒂格尔法案》（Glass-Steagall Act）。这一法案强制投资银行业务与商业银行业务分离，于1933年生效，直至1999年被废除。唐纳德·特朗普当选总统后，桑德斯参议员在宣传他的新书《我们的革命：创造人们可以信赖的未来》（Our Revolution: A Future to Believe in）时继续炮轰华尔街。2016年的共和党党纲也呼吁恢复《格拉斯-斯蒂格尔法案》。见鬼，华尔街实在是太不受欢迎了。只要略微想想这些事儿，便可放心了。尽管特朗普当选，民粹主义者对华尔街的怒火也不会立刻烟消云散。

桑德斯参议员说得对吗？华尔街真的是被人为操纵，只为美国富人牟利，牺牲其他人的利益吗？或者说，究其本质，华尔街的种种行为（根据前文提到的所有问题，我们可以看出，如今的"华尔街"一词已经是一个庞杂的概念，涵盖了不同的方方面面）是一种极为重要且无可替代的资本分配方式，促使资本以合理的价格，且最高效地从拥有者流向需要者？

如英国经济学家、基金经理、作家费利克斯·马丁（Felix Martin）所说：复杂融资（high finance）[1]"既神秘莫测又平庸无奇"。这怎么可能呢？如今的世界面临诸多挑战，如气候变化、收入不均、人权压制、核扩散、政治动荡等，但排在这些之前的，是令所有美国人都困惑的问题——华尔街到底是好是坏，是应该被赞扬还是被谴责呢？这个问题妨碍了必要探讨的进行，使我们无从弄清华尔街的哪些行为是正确的、应该鼓励，哪些行为是错误的、应该禁止。

因此，我要做的就是撬开过去几十年来华尔街在其周围精心构建的黑匣子。这是一个对华尔街大为不利的黑匣子。由于它的存在，普通人几乎无法了解华尔街街上发生了什么，弄不清为什么华尔街对我们珍视的几乎所有都至关重要，不知道为什么我们不会愿意生活在一个没有华尔街的世界里。是的，华尔街总是使用它的专业术语，令人费解，可这对它一点儿好处都没有。对于华尔街的银行家、交易员和管理者使用的大部分术语，人们理所当然困惑不解。如"有价证券"一词就是华尔街的行话，但其含义不过是持有的股票（即公

---

[1]指投资银行和企业融资等金融业务。

司的股权价值）或债券（即债权人通过借钱给企业或政府机构，在一段时间内从企业或政府机构获得固定收益及本金返还的权力）。但是，当普通人听到"杠杆收购"或"信用违约掉期"这类术语时，一定会两眼发直，大脑一片空白。或者，完全不能理解为什么唐纳德·特朗普在竞选期间无情抨击华尔街，之后又让华尔街的老手们簇拥在他身边。

然而，事实是，如果一个人喜欢自己的iPhone（这是肯定的，因为自2007年6月上市以来，iPhone已在全球售出了10亿多台）、宽屏电视、汽车或早餐中的培根，抑或对自己的退休金或养老保险制度感到满意，那他就一定是华尔街的粉丝，尽管他自己可能还不知道。如果一个人喜欢脸书、Snapchat[1]和推特的强大功能，那他实际上是喜欢华尔街的。华尔街几乎是每周7天、每天24小时地向世界各地有需要的人提供自由流动的资金，且源源不绝。离开了这些资金，上面提到的所有事物都绝对不可能像现在这样大规模、大范围地普及，也不可能如此便宜和易于获取。华尔街能够在需要的时候，以合理的价格向需要的人提供资金，这并不是什么魔术或奇异的炼金术，也不可怕可憎。它是现代生活必不可少的组成部分。

---

[1] 由斯坦福大学两名学生开发的"阅后即焚"照片分享应用。

它应该受到赞扬。

华尔街还是一个企业——庞大的企业。和地球上的其他企业一样，它做任何事均以赚钱为目的或是怀着赚钱的希望。没必要因为这一点对它大肆诽谤。好比苹果公司，如果没有赢利，或者无法让投资者相信有朝一日它会赢利（多年来，亚马逊等公司就是这么做的），它就不会存在。这一点儿也不奇怪。苹果公司是全球最赚钱的企业之一，因此能够高薪雇用最优秀、最聪明、最有创造力的人才。成功还令它有能力购买新设备、建造新工厂，包括斥资50亿美元在加利福尼亚州库比蒂诺（Cupertino）兴建太空飞船式环形总部。当然，财务上的成功也让苹果公司设计和制造出了iPod、iPhone和iWatch等具有开创性的新产品，并且帮助它畅想未来、规划苹果汽车或者像《杰森一家》（The Jetsons）[1]那样的苹果私人交通工具。

我很清楚，在当前的政治气候下，这些话如同华尔街或苹果公司的冗长乏味的宣传词。不过，关键是这些都千真万确。苹果公司这样的企业需要依靠华尔街来完成使命、成就伟大。

诚然，苹果公司的产品是发达国家的奢侈品，但它们吸引的远远不止富有的西方人。全世界几乎每个领域的人都拥

---

[1] 1962年首播的美国喜剧动画片，片中杰森一家居住在一个充满了各种机器人装置、外星人、全息图以及异想天开的小发明的未来世界。

有或渴望拥有苹果产品。原因在于：iPhone手机的计算能力之强、提供的信息量之大，在人类历史上前所未有，而其体积则小到可以放在口袋中。这并不表示我们不应该问一问苹果公司有没有为了股东、管理层和客户的利益而剥削非洲的金矿工人或中国的工厂劳工；也不表示我们不应该再问一问需要做些什么来帮助全球超过13亿的赤贫人口。然而苹果公司的成功是非同寻常的，其本身及产业生态系统在全世界创造了将近70万个就业机会。许多人热爱并**需要**它创造的产品。无论怎么说，iPhone手机绝对是一款改变世界的高科技产品。这是一件好事，人类就是这样进步的。人们对iPhone手机的赞誉的确实至名归。

令桑德斯厌恶却又无法驳斥的一点是，如果没有华尔街，苹果公司这家全球最有价值的企业就无法书写成功传奇。我们可以快速浏览一下苹果公司的IPO（首次公开募股）说明书。IPO说明书是指企业在公司股票（即负债及其他债务清偿后的公司价值）被公开销售和交易之前必须提交给证券交易委员会（Securities and Exchange Commission，简称证交会）审批的文件。从苹果公司的IPO说明书中我们能发现，在苹果公司（以及全世界数以百万计希望成为苹果公司的企业）想方设法获取资金以维持运营、实现梦想的每一步中，华尔街都曾经并仍然发挥着重大的作用。这可不是微不足道、无关紧要的琐事，也不是不合道德的坏事，而且它一点儿都不神秘。但是，很少有人理解这一切是如何发生的，或者它为何如此重要。相反，只要一想到此，人们的关注点很可能就是华尔街银行家收取的佣金太高，而承担的风险却太低（尽管实际风险肯定比表面上看起来的要高）。于是，人们把一切都归结为"贪婪的银行家"和"受操控"的金融系统。除此以外，便不再深究。

但是，企业能够源源不断地从掌握资本并愿意投资的人手中获取资金，这是人类社会的惊人发明之一。我们完全不清楚一个没有华尔街的世界会是怎样的。（也许和中世纪差不多？）因此，有必要让普通民众更好地了解华尔街的运作机制是什么，它的哪些行为是正确的，哪些行为是错误的。

让我们简要回顾一下。苹果公司于1980年12月发布的IPO说明书是一份47页长的简洁文件，华尔街几十年来的技巧和技术在其中得到了集中体现。投资者几乎能在这份文件中找到所有想要了解的有关苹果公司的信息：公司如何以及何时成立；公司如何以及向谁融资；IPO前的股份由谁持有；公司打算如何使用IPO的收益。企业公开IPO文件信息并不是自愿，而是政府有效监管的结果。1929年，美国股市大崩盘，随后证券交易委员会成立，主要目的是尽力避免投资者受骗上当，让投资者或潜在投资者更好地了解那些想要从他们手中获取资金的企业。为了确保苹果公司遵守公开原则，证交会的监管人员要求苹果公司提交IPO说明书。而在证交会成立之前并无此类规定。这是一件好事。

客观来说，苹果公司的IPO说明书让我们了解到，如果没有华尔街，苹果公司就不会存在，至少不会以目前的形式存在。说明书中写道，自1976年成立开始，苹果公司就得到了众多早期投资者的支持。那一年史蒂夫·乔布斯（Steve Jobs）和史蒂夫·沃兹尼亚克（Steve Wozniak）两位创始人"设计、开发并组装了以微处理器为基础，只有一块印刷电路板的Apple I 电脑"。1977年1月3日，苹果公司正式注册。3个月后，Apple II 推出。Apple II 和Apple I 类似，但是多了键盘和塑料机箱。从1977年1月到9月底，苹果公司在9个月内赚取了近4.5万美元的利润。

但是，IPO说明书也清楚地显示，苹果公司有远大的抱负，而实现抱负需要资金——大量资金。每一个发展阶段，苹果公司都有众多资金来源。最初，最重要的资金来源是风险资本家，如纽约的文洛克创投公司（Venrock Associates）以及旧金山小型技术投资银行汉茂风险投资（Hambrecht & Quis）的前银行家阿瑟·洛克（Arthur Rock）。苹果公司IPO时，文洛克创投公司持有其7.6%的股份，阿瑟·洛克持有1.3%。另外还有一些风险资本家，在苹果公司IPO之前他们共计持有苹果8.7%的股份。至于当时25岁的乔布斯和30岁的沃兹尼亚克，他们分别持有苹果15%和7.9%的股份。1977年5月起担任苹果首席营销官及董事会主席的小A.C.马库拉（A.C. Markkula Jr.）持有14%。苹果公司的第一任CEO、仅短暂任职的迈克尔·斯科特（Michael Scott）在1977年5月加入苹果时以每股1美分的价格买入了130万股苹果股票。

风险资本家和机构支持苹果公司的原因只有一个：他们想要赚钱。其中一些人相信他们会因此变得富有。文洛克创投公司和阿瑟·洛克投资苹果，背后的决策过程与其他任何投资项目并无二致，华尔街公司的投资决策过程也是一样。资本主义制度的运作方式就是如此：投资者愿意承担超高风险（1977年出资支持苹果公司就是承担超高风险，因为当时苹果只有远大的理想却无甚成就），以期通过投资获得超高回报。当然，苹果公司的IPO为其最早的投资者带来了巨额财富。他们中的许多人当初购买股份时，每股的价格还不到10美分，而IPO的价格是每股22美元，可想而知，初期投资的回报率有多惊人。（如果这些投资者坚持持股到现在，他们的财富增值将是无法想象的。据说，史蒂夫·乔布斯的遗孀劳伦娜·鲍威尔·乔布斯身价约为180亿美元。）当然，情况并不总是像苹果公司的IPO一样成功。一败涂地的企业不在少数，因赌错而遭受损失的投资者也数不胜数。但是，对于资本主义制度的顺利运行来说，赌错并遭受损失与明智投资并从中赚钱同样重要。

除了风险资本外，苹果公司的IPO说明书还揭示了华尔街帮助苹果实现初期目标的其他方式。和许多公司一样，苹果公司向一家银行申请了2000万美元的信贷额度，并按照优惠利率（1980年9月时为12%）偿还银行贷款。这家银行贷款给苹果的原因只有一个，即想要赚钱。苹果公司还拥有200万美元的资本租赁信用额度，这使它有足够的资金采购各种生产设备、办公设施以及汽车。苹果公司向某家银行支付资本租赁利息，而这家银行之所以为苹果提供资金，是因为它希望通过借钱给苹果来赚取利润。

承销苹果公司的IPO本身也是华尔街赚钱的又一种方式。IPO是华尔街向企业客户销售的最赚钱的产品之一。承销IPO时，华尔街需买下企业股票、找到新投资者并立即将股票卖给他们。为了规避这一过程中的风险，华尔街通常按照所筹资金约7%的比例收取佣金。1980年12月的苹果IPO筹得了1.02亿美元的资金，苹果获得了其中约8300万美元，在IPO中出售股份的风险资本家获得了1240万美元，剩余600多万美元作为佣金支付给了以摩根士丹利和汉茂风险投资为首的承销商，以酬谢他们的服务。（在此次IPO中，乔布斯通过协商将佣金比例从7%降到了6%。）苹果公司的IPO非常"热门"，承销商和投资者都想从中分一杯羹。参与承销的华尔街银行数量多得惊人：IPO说明书列出了全球各地参与承销苹果股票的银行，数量接近140家。其中许多承销商，如巴林银行（Barings Bank）[1]、贝尔斯登（Bear Stearns）[2]和雷曼兄弟（Lehman Brothers）[3]，早已销声匿迹。这说明华尔街和你想象的恰恰相反，它一直是一个危机重重、风险巨大的地方。冒险确实会造成恶果，即便对华尔街来说也是如此。

华尔街交给苹果公司的8300万美元远远超过它在过去4年内筹到的任何一笔资金。单单从这一点上考虑，此次IPO就应该被视作成功。苹果用筹得的资金做了很多事：785万美元用来偿还银行贷款，剩余的资金实际上充当了苹果自己的银行，用来满足其流动资金需求。苹果公司还计划在1981年用这笔资金中的1100万美元投资新的大型项目。该公司表示不考虑进一步贷款，但它也提醒新的股权投资者，未来不排除贷款的可能。无论从哪个角度来看，苹果的IPO都是一次绝对的成功：对苹果公司、对新的投资者、对出售股份的股东、对承销IPO的华尔街银行都是如此。

[1] 创建于1762年，是伦敦最老牌的商业银行，1995年因违规操作而倒闭。

[2] 成立于1923年，曾是华尔街第五大投资银行，在美国次贷危机中遭受严重亏损，2008年濒临破产被收购。

[3] 成立于1850年，曾是华尔街第四大投资银行，2008年在美国次贷危机加剧的形势下宣布破产。

我并不是说华尔街无可指摘，我绝无此意。我的意思是，华尔街最根本的要素，即最纯粹、最务实的华尔街，必须得到保护、鼓励和赞扬。相反，有一种做法必须加以制止，即动辄向银行家、交易员和管理者发放数百万美元的奖金，奖励他们不负责任地用别人的钱冒险。正是这种做法在过去30年间引发了一次又一次金融危机。让我们借此进行一次冷静、深入的思考。最初的华尔街只是曼哈顿下城区的一条鹅卵石街道，其将东河与哈德逊河连接，仅有少数几个交易员在那儿活动，如今它已经成了全球金融巨兽，其利爪每年都会攫取数万亿美元的交易额。

华尔街是资本之都。尽管憎恶它的贪婪和鲁莽，但是我们**需要**它存在，不仅如此，我们还**希望**它蓬勃发展，即使我们自认为或者在他人的引导下认为不需要华尔街。

我们不可能通过立法来消除人的本性。人类生来就喜欢残酷的竞争，喜欢追求不公平的优势。应当受到谴责的人类行为从来就没有消失过。所以，让我们面对事实吧：**早在华尔街存在之前就已经有金融危机了**。

很少有人告诉我们，华尔街不是金融危机产生的原因，相反，它是金融危机最初显露端倪的地方。总之，金融危机不是什么新鲜事。把它当作新鲜事物来对待，对我们并没有好处。举例来说，1636年到1637年年初，荷兰掀起了一场与郁金香球茎有关的"狂热"。在此期间，郁金香球茎的价格一路飙涨到荒谬的地步，之后突然在1637年2月崩盘。1720年，两次经济泡沫分别发生在两个欧洲国家——英国的南海泡沫和法国的密西西比泡沫，结局都很糟糕。南海泡沫起因于一个注定要失败的主意。当时的英国政府授予南海公司（South Sea Company）[1]与南美国家的独家贸易权，作为交换，南海公司为英国在战争期间欠下的债务提供再融资。密西西比泡沫源自苏格兰经济学家约翰·劳（John Law）的奇特计划。当时的法国占据了美洲密西西比河谷的一大片土地，将之命名为路易斯安那。约翰·劳成立了一家公司在当地开发预想中的丰富资源，并试图用这家公司的股票来补偿困顿沮丧的法国民众。人们纷纷猜想路易斯安那可能蕴藏着什么，推测法国政府是会用黄金还是纸币来支持投资，然而最终（当时的）人们在那儿什么都没找到。

毫无疑问，这几次金融危机发生时，华尔街还不存在。

牢记历史非常重要，因为美国人向来弄不清自己国家的金融史细节。我们对过去的金融危机没有什么记忆，总喜欢把每一次新的危机当作意外之事，就好像它原本完全不可能或不应该发生一样。因此，我们几乎不可能理性地探讨金融

[1]成立于1711年，主要目的是便于英国政府对南美洲进行贸易扩张。

危机为何会发生，什么样的解决方式最好，以及如何制定有效的政策、法规和激励措施以尽力延缓下一次危机——虽然它的爆发不可避免。相反，那些最具影响力的人，如参议员桑德斯和伊丽莎白·沃伦（Elizabeth Warren）[1]，却在广播和电视节目中大谈特谈华尔街有多邪恶、该如何对其进行制约。然而，他们似乎对华尔街的运作方式知之甚少，尤其不清楚离开了华尔街，世界将会怎样。[当然，沃伦参议员在收到出版社付给她的160万美元版税时似乎并没有抱怨。这笔款项是她2014年的新书《抗争的机会》（A Fighting Chance）的预付款。需要补充说明的是，这本书之所以能够出版，很大程度上是因为华尔街为出版社提供了融资，让出版社有足够的资金支付她的书的预付款。]

　　事实上，对于桑德斯和沃伦参议员倡导的许多改革议程，我是赞同的。自从成年以后，我的每一次投票都贡献给了民主党。但是，他们对华尔街一无所知。他们以及那些呼吁拆分银行的人其实并不愿意生活在一个**没有**银行的世界上，即使他们在言谈中暗示自己愿意。他们自称代表着数以百万计的美国中产阶级和工人阶级，然而中产阶级和工人阶级也不会愿意生活在那样的世界中。如果连我们选举出来的最高领

---

[1]伊丽莎白·沃伦，曾任哈佛法学院教授，现为美国民主党参议员。

导人都不甚了解华尔街的重要性及其在保持经济繁荣方面的作用，那么，美国民众完全不清楚华尔街是如何运作的，就一点儿也不奇怪了。

本书将尝试着向你证明，为什么美国人会希望华尔街存在并兴盛。本书也希望抛砖引玉，在全国范围内掀起一场早该进行的理性讨论，探究如何保留华尔街的精华，同时去其糟粕，取缔那些容易诱发人性之恶，经常导致华尔街银行家、交易员和管理者行为不端的激励措施。我们的目标是不断提高美国民众的生活质量，让每个人的生活都越来越好。

那些最强大的华盛顿监管者似乎有一个新口号——竭力阻止金融危机再次发生。然而，这其实并不是我们面临的挑战：无论华尔街是否被取缔，下一场金融危机必定会在某个时间、某个地方爆发。相反，最重要的是以适当的方式对华尔街进行监管，维护华尔街的正当职能，同时实行正确的激励措施，确保华尔街人士**不会**做出引发金融灾难的事，以免其他人无辜受累——华尔街以外的人似乎总是金融灾难的最大受害者。更具体地说，美国司法部有责任让华尔街的银行家、交易员和管理者对其不诚实的、有时甚至是违法的行为负责。2008年金融危机爆发之后，司法部在前总检察长埃里克·霍

尔德（Eric Holder）[1]的领导下严重失职，未能履行上述重要
职责。但这并不表示，华盛顿的官员和强大的华尔街监管机
构应该制定相关政策，对华尔街几个世纪以来开展的伟大事
业严加限制。这种想法不仅是对华尔街的惩罚，也是对我们
其他人的伤害。

　　我知道历史会令人厌烦，但有时为了弄清某件事，你至
少要对它的来龙去脉有一个基本了解。因此让我们快速回顾
一下华尔街是怎么形成的。

---

[1]埃里克·霍尔德，奥巴马政府的司法部总检察长，也是美国历史上第一位非洲
　裔司法部总检察长。

第一章

华尔街的形成

导读

　　华尔街的起源：真正的华尔街位于曼哈顿下城区，靠近曼哈顿岛的南端，总长仅0.7英里。华尔街的名字源自一道由12英尺高的木桩筑成的实实在在的墙。1653年4月，荷兰人在非洲奴隶的帮助下着手建造这道墙，用于保卫新殖民城市——新阿姆斯特丹。（评论：欧洲是欧亚大陆向大西洋突出的一个巨大半岛。自希腊罗马以降，欧洲的国家与人民一直倾心于通过商业致富。奥斯曼土耳其占据了欧亚通道后，西欧基督教国家纷纷试图通过海路与亚洲恢复交通和贸易。西班牙刚刚在伊比利亚半岛驱逐了摩尔人政权，就立刻授权哥伦布远航。纯属巧合，哥伦布发现了美洲新大陆，从此开始了欧洲人对于美洲大陆的殖民史。美洲殖民的先行者是西班牙、葡萄牙。葡萄牙占据今日之巴西地界，而西班牙则一度拥有北括今日美国之加州、得州、佛罗里达州，南达阿根廷的巨大领土。西、葡两国对于美洲，掠夺多，建设少，基本上是挖出金银运回欧洲，一度在欧洲造成了严重的通货膨胀。美洲殖民的后来者是荷兰、英国。荷兰本是西班牙王室的领地，其因不忿暴政，且在宗教改革中奉了路德宗新教，经过惨烈的战斗方才独立。其国土狭小、贫瘠，单靠农业无以立国，遂毅然决然以国际贸易立国。一时间荷兰商船遍天下，故有所谓"海上马车夫"的名号。伴随国际贸易，发生了两件事情：一是建立贸易驱动型殖民地，例如新阿姆斯特丹就是荷兰商人在美洲贸易的中心；二是促进了金融业，因大额国际贸易需要配套融资、信用等一整套金融服务。可以说荷兰催生了包括资本市场在内的近现代工商社会雏形。紧随荷兰的是英国。亨利八世脱离罗马教廷，自立英格兰教会。与法、西这样的大陆天主教国家相比，英国也是欧洲西北边缘的落后中型国家。从一定意义上可以说，英国是以大得多的规模，复制了荷兰的成功经验，包括接手新阿姆斯特丹，后改名新约克，即纽约。）

华尔街的历史沿革：18世纪80年代，华尔街开始了第一个"黄金时代"，其持续了7年。彼时，纽约是美国的首都、新兴的政治和金融中心。1784年6月，汉密尔顿以50万美元的资本创建了纽约银行（Bank of New York）。1790年7月16日，华盛顿总统宣布迁都，然而纽约作为金融中心继续发展。1792年5月17日，为了打破华尔街西面的拍卖商的"垄断"，24位经纪人签订了一份协议，也就是后来所称的《梧桐树协议》（*Buttonwood Agreement*）。这是最早的有关证券经纪人（即买卖股票和债券的人）如何合作的书面条例。在此基础上，纽约证券交易所建立。（评论：英谚道，伟大的事业都有平凡的开始。今日号称世界最强之美利坚合众国，肇始之时，地不过大西洋到阿帕拉契亚山之间的13块殖民地，人不过数百万。今日领导世界金融市场之纽约证券交易所，初始也不过是由24位经纪人缔造的。然而，在《梧桐树协议》中表现出的规范、契约，时至今日仍然是国际资本市场的基础和灵魂。）

关于华尔街的道德争论：从始创开始，华尔街就频频被指责为罪恶之地。英国出生的美国金融家亨利·克卢斯在1887年撰文为华尔街正名，称华尔街是"伟大的文明启迪之地，是强大的资本流动通道，巨额财富经由华尔街对美国工业企业的发展起到了强有力且必不可少的推动作用"。（评论：关于对资本或者说金钱的谴责，史不绝书。然而以不佞之愚见，资本无所谓善恶，关键看如何运用。从一定意义上说，在自由资本主义社会，凭借天资、勤奋、运气取得财富和地位，相比之前数千年以出身定终身的局面，毋宁说是巨大的进步。我最心仪的标杆人物莫过于比尔·盖茨：生于富贵之家而依然勤奋努力，成就大业而兼济天下。）

今日之"华尔街"："华尔街"一词今日泛指美国的资本市场及从业机构，它联通资本和产业，推动美国乃至世界资本主义的经济发展。

真正的华尔街位于曼哈顿下城区，靠近曼哈顿岛的南端，总长仅0.7英里，它西至百老汇大街（Broadway）和三一教堂（Trinity Church），东至南街（South Street）。它曾经是连接东河（East River）和哈德逊河（Hudson）的通路（这一交通功能如今依然十分重要）。华尔街的名字源自一道由12英尺高的木桩筑成的实实在在的墙。[1]1653年4月，荷兰人在非洲奴隶的帮助下着手建造了这道墙，以此作为他们小小的聚居地的北城墙。墙的北侧是危险多山的荒野——曼哈顿这个名字就起源于印第安勒那佩族人（Lenape）[2]语言中的"曼纳哈塔"（Mannahatta），意思是"多山的岛屿"。荷兰人修筑这道墙的目的是保护自己不受未知世界的攻击。毕竟，如果荷兰人与美洲各原住民部落之间爆发连年争战，双方遭受的打击都是毁灭性的。这道墙被荷兰人称为"栅栏"，将曼哈顿岛隔离开来。如今的华尔街就在墙的南侧。城墙总长2340英尺，接近半英里。1664年，居住在新阿姆斯特丹[3]的荷兰人无力支撑下去，不得不把他们的殖民地拱手让给了英国人。英国人随

---

[1] 英语 Wall Street 的本意是"墙街"，"华尔街"是音译。

[2] 北美印第安部落，居住在大西洋沿岸，尤其集中于特拉华河流域一带。

[3] 1626年荷兰殖民者从印第安人手中买下曼哈顿岛，并按荷兰首都阿姆斯特丹的名字，将这个地方命名为"新阿姆斯特丹（New Amsterdam）"，该地成了荷兰人在美洲的殖民地。

即将这一地区更名为"纽约"[1]。

1685年，英国勘测员沿着城墙，从东河至哈德逊河规划出了一条街道。到1699年，英国人已经不再像当初的荷兰人那样惧怕美洲原住民，便拆除城墙，只剩下一条街道在曼哈顿岛的这一狭窄区域内延伸，将岛的一侧与另一侧连通。

这条新的街道就是现在所说的华尔街，纽约的商业动脉。"世界上的其他街道很少会有同样的声誉，"弗雷德里克·特雷弗·希尔（Frederick Trevor Hill）[2]在他1908年的杰作《华尔街传奇》（*The Story of a Street*）中写道，"在美国编年史上，它地位独特。"最初，小商小贩沿街摆摊，贩卖货物。渐渐地，开始有人销售当地新兴公司的股票和债券，这在当时还是一种非常新颖的借款形式。同样在华尔街上出售的还有奴隶。纽约历史学会的资料显示，新阿姆斯特丹的奴隶交易始于17世纪20年代，准确地说是1626年，距离荷兰人登陆新阿姆斯特丹还不到两年。当时有荷兰舰船俘获了一艘西班牙或葡萄牙船，船员大多是非洲黑人。被俘船只上的船员通常会被杀害，但是那一次，荷兰人将这些船员带到新阿姆斯特丹，迫使他

---

[1]英国从荷兰人手中获得新阿姆斯特丹后，根据英国约克郡（York）的名字，将新阿姆斯特丹改为"新约克（New York）"，现在所说的"纽约"为音译。

[2]弗雷德里克·特雷弗·希尔（1866—1930），美国律师、作家。

们成为荷兰西印度公司（Dutch West India Company）[1]的奴隶。

这家公司的算计真可谓既简单又残酷。它要建设新阿姆斯特丹殖民地，建造如今已是炮台公园（Battery Park）[2]的堡垒，搭建屋舍，修筑后来成为华尔街的城墙，这些都需要劳动力。但是，新阿姆斯特丹并不是一个适宜居住的地方，吸引荷兰工人远渡大西洋来到此地可不是一件容易的事。奴役似乎是更好的办法，可以让荷兰西印度公司得到它需要的劳动力。纽约历史学会十分仁慈地将荷兰人奴役下的非洲人称为新阿姆斯特丹的第一支公共建设队伍。"他们开辟的道路后来成了百老汇大街，"该学会解释道，"他们修建的城墙是华尔街的命名来源。如果没有他们的辛苦劳作，殖民地新阿姆斯特丹可能根本就不会存在。"

很快，个人殖民者也开始拥有奴隶。根据历史学会的资料，新阿姆斯特丹实际上成为北方殖民地中最大的"蓄奴城市"。

1711年至1762年的51年间，华尔街的奴隶市场在这块殖民地上声名远扬。交易场所是东河旁一座结实的木棚，这样，

---

[1] 成立于1621年，是一家模仿东印度公司模式建立的跨国殖民贸易公司，主要从事奴隶、贵金属、烟草、糖贸易以及海盗和殖民业务。

[2] 位于曼哈顿岛南端，得名于17世纪时该地的一座炮台，这座炮台的作用是保护当时的荷兰殖民地新阿姆斯特丹。

一旦有载着非洲人或加勒比海人的船只在码头停靠，买卖就可以立即进行。无论何时，木棚中都有50来名奴隶被买进卖出。肮脏的奴隶交易于1762年终止，木棚最终也被拆除，原因显而易见——它阻挡了河上的景观，导致地产贬值。

华尔街还承载了这座殖民城市的一些崇高理想。1699年，人们用从原城墙地基上拆下来的石块为纽约第一座市政厅打下地基。一年后，市政厅建成，地址在华尔街26号。毫无意外地，这幢造价超过4000英镑的市政厅是华尔街的中心。市政厅大楼里有一间审判室、一间陪审室、一间市议会议事厅、一座监狱、一家图书馆［纽约的首家图书馆，藏书1642册，来自约翰·米林顿（John Millington）神父的收藏］和一间债务人监禁室[1]。市政厅内还设有消防队办公室，水源是华尔街上的两口水井。在正对着市政厅的百老汇大街上，有一片围场，它向殖民地居民昭示，犯错会有什么下场。

很快，华尔街还成了革命热潮的中心——即使在今天看来，这也令人难以置信。在华尔街上，殖民统治者因约翰·彼得·曾格（John Peter Zenger）[2]批评当时的总督，烧毁了他创办的《纽约周刊》（*New-York Weekly Journal*）。同样在华尔街上，1735年8月4日，在市政厅的审判室内，曾格赢得了一

---

[1] 在中世纪到19世纪中期的欧洲，用来关押无力偿还债务的人的囚室。

[2] 约翰·彼得·曾格（1697—1746），德裔美国人，印刷商、出版商和新闻记者。

场重大的法律胜利，捍卫了新闻自由，后人将之誉为"美国自由的黎明"。1765年，印花税大会在华尔街上召开，它坚决、成功地抵制了英国对纽约人征收印花税。1774年5月，保罗·列维尔（Paul Revere）[1]赶到华尔街，拉开了美国独立战争的帷幕。

但是，在独立战争结束后的很多年内，美国的金融中心一直是费城而非纽约。纽约在战争中饱受摧残，只剩下一片狼藉。乔治·华盛顿的好友、金融家罗伯特·莫里斯（Robert Morris）[2]试图参照欧洲那些存在了数百年的银行，设立美国第一家私人商业银行，地点却是费城而非纽约。1781年5月17日，莫里斯将有关该银行的详细提案提交给了大陆会议（Continental Congress）[3]，9天后，大陆会议授予了特许状。之后几周内，莫里斯一直在给潜在的投资者写信。从本质上来说，这是美国历史上的第一次股票IPO，即首次公开募股。6月11日，莫里斯致信当时的弗吉尼亚州州长托马斯·杰斐逊（Thomas Jefferson）[4]及当时的马萨诸塞州州长约翰·汉考克

---

[1]保罗·列维尔（1734—1818），美国银匠、爱国人士，在列克星敦和康科德战役前夜连夜骑马警告殖民地民兵英军即将来袭。

[2]罗伯特·莫里斯（1734—1806），美国开国元勋之一，曾资助美国独立战争。

[3]北美13州在1774年至1789年间组成的联合议会，为美国国会的前身。

[4]托马斯·杰斐逊（1743—1826），美国第一任国务卿、第三任总统，《美国独立宣言》的主要起草人。

（John Hancock）[1]等人，阐述了自己的理由。莫里斯表示，新成立的共和国因为独立战争而负债累累却又无力偿还，认为自己有责任创办这样一家银行，以重建共和国的财务声誉。他承诺，只要对银行的股票进行投资就可以享受可观的收益率。莫里斯还说，投资者将既感自豪又表示爱国，并称银行将与美国共存共荣。[如今，莫里斯的第一家银行是美国富国银行（Wells Fargo）[2]的一部分。]

IPO成功后，莫里斯的银行于第二年1月投入运转。投资者们都相信，因其盈利业务越来越多，银行的股票会随着时间不断增值。8年后的1790年，费城成立了美国第一家证券交易所，比纽约证券交易所（简称纽约证交所）的成立时间还要早两年。当时费城已经是美国人口最多、最繁华的城市。几乎同时，亚历山大·汉密尔顿（Alexander Hamilton）[3]向国会提议在费城设立第二家银行——合众国银行（Bank of the United States）。1791年，汉密尔顿也通过IPO，成功创办银行。美国政府购买了这家银行20%的股份，使用的恰恰是从该银行借贷的资金。很快，美国东部沿海地区的经纪人和商人开

---

[1] 约翰·汉考克（1737—1793），美国革命家、政治家，独立宣言的第一个签署人。

[2] 创立于1852年，目前是全球市值最高的银行。

[3] 亚历山大·汉密尔顿（1755—1804），美国的开国元勋之一，宪法起草人之一，美国第一任财政部长，美国政党制度的创建者。

始买卖两家费城银行的股票。

实际上，这种操作在当时已经存在了近两个世纪。第一次现代意义上的IPO是1604年的荷兰东印度公司股票公开销售。这家公司有权在遥远的香料群岛（Spice Islands）[1]进行垄断贸易，独享岛上富饶的资源，如豆蔻、丁香、肉桂、胡椒和生姜等。和我们今天所做的一样，荷兰东印度公司的创始人希望向投资者筹资，以支持公司的业务发展——该公司计划建立并派遣船队跨越重洋前往世界的另一端，以便获取香料再将之出售给客户。这次IPO是资本史上的一个分水岭。它证明，企业可以从那些与公司创建和经营毫不相干的人手中获取资金。它还证明，投资者愿意承担他们认为合理的风险，以换取预期的回报。这是一个改变世界的想法，至今它依然和400多年前一样充满活力。阿姆斯特丹证券交易所也在同一时期成立，人们得以在那儿交易东印度公司的股票。在长达100多年的时间里，东印度公司的股票表现出色，1720年其交易价格一度飙升至IPO价格的12倍。然而，1799年新年前夕，已经运转了近200年的东印度公司突然解散。东印度公司的解散重重地敲响了一记警钟，提醒我们，投资购买一家公司的股票始终是一件充满风险的事，就算这家公司已经

----

[1] 即印度尼西亚东北部的马鲁古群岛。

存在了近两个世纪，也无法保证它永远屹立不倒。

虽然多年来费城占尽风头，成为美国的金融中心，但华尔街也慢慢从独立战争中恢复了元气。华尔街的第一个所谓的"黄金时代"出现在18世纪80年代，它持续了7年。在这段短暂的时间内，纽约是年轻共和国的首都、新兴的政治和金融中心。在华尔街上，美国第一届国会成立并召开。也是在华尔街上，乔治·华盛顿于1789年就任，成为美国第一任总统，约翰·亚当斯（John Adams）[1]任副总统。在此期间，华尔街被彻底重建[就连三一教堂和第一长老会教堂（First Presbyterian Church）也被翻修]，一幢幢精美的房屋和旅店出现在街道两侧。它吸引了亚历山大·汉密尔顿和阿伦·伯尔（Aaron Burr）[2]这样年轻且从业经验丰富的律师。1784年6月，汉密尔顿以50万美元的资本创建了纽约银行（Bank of New York），之后才前往费城创办他的第二家银行。汉密尔顿亲自为纽约银行拟定章程，并成为其第一批董事之一。在华尔街上，汉密尔顿还写下了大量文章。这些文章后来被收入《联邦党

---

[1]约翰·亚当斯（1735—1826），美国第一任副总统、第二任总统。

[2]阿伦·伯尔（1756—1836），美国第三任副总统，美国竞选政治的鼻祖，被称为现代竞选之父，1804年在与政敌亚历山大·汉密尔顿的决斗中将汉密尔顿杀死。

人文集》(*Federalist Papers*)[1],成为其中的主要部分。该文集为新兴的美国绘制了真正意义上的智力蓝图。还是在华尔街上,华盛顿总统于1789年9月24日签署法律,成立了美国最高法院,纽约人约翰·杰伊(John Jay)[2]被任命为第一批法官之一。1783年到1790年间,华尔街似乎是全宇宙的中心。

1790年1月,情况又发生了变化。美国第一任财政部长汉密尔顿提出了一项复杂的金融计划。根据这一计划,联邦政府将承担各州在独立战争期间欠下的债务,其中部分债务是大陆会议推给各州的。据汉密尔顿计算,当时各州的债务总计在5400万美元左右,包括外债和内债。

简单来说,汉密尔顿的方案实际上就是让联邦政府接管包括本金和利息在内的全部债务,然后发行新的联邦债券以替代当时各州的债券,再通过向各州收税来支付联邦债券的利息。这一计划令某些州的民众深感不安,尤其是弗吉尼亚州。弗吉尼亚州此前一直很好地控制着其战争债务,但现在,将不得不与其他州一起为偿还联邦债务出力。还有一点令汉密尔顿备受谴责:他提议按照面值收购各州在战争期间发行

---

[1] 18世纪80年代亚历山大·汉密尔顿、约翰·杰伊和詹姆斯·麦迪逊在制定美国宪法的过程中所写的评论文章的合集,共收有85篇文章,这些文章最早连载于纽约地区的报纸,之后在1788年首次出版合集。

[2] 约翰·杰伊(1745—1829),美国政治家、革命家,曾任美国最高法院法官,1789—1795年出任美国首席大法官。

的债券，而这些债券大多掌握在投机者手中。在推行这一计划之前，美国新政府无力偿还战争债务的迹象越来越明显，投机者纷纷折价收购各州债券。许多人因此批评汉密尔顿的计划是对投机者的奖赏。当时的情形颇类似218年后，许多人指责联邦政府出手援救濒临破产的华尔街银行和保险巨头AIG（American International Group）[1]。

汉密尔顿的提议激起了人们的极大愤怒，因此他不得不做出让步。音乐剧《汉密尔顿》提到，汉密尔顿与当时的国务卿托马斯·杰斐逊在后者位于纽约的家中达成了一项交易。"反对联邦计划的情绪十分强烈，为了达到目的，汉密尔顿被迫做出巨大让步，他达成的妥协方案使纽约失去了成为永久首都的机会。"弗雷德里克·希尔写道。杰斐逊和汉密尔顿谋划将美国首都迁至波托马克河（Potomac River）[2]河岸。汉密尔顿的目的是赢得国会对其计划的批准，由联邦政府接管各州拖欠的战争债务。此外，根据这一妥协方案，在新首都建设的10年内，费城将成为美国的首都。汉密尔顿之所以这样做，是因为他相信，赖账不还的美国是无法繁荣的。他是对的。

---

[1]美国国际集团，一家以美国为基地的国际性跨国保险及金融服务机构集团，世界保险和金融服务的领导者。

[2]美国东部的主要河流之一，全美第21大河流，是马里兰州和西弗吉尼亚州、弗吉尼亚州和华盛顿哥伦比亚特区的边界，最终注入切萨皮克湾。

1790年7月16日，华盛顿总统在华尔街签署了首都选址法案后，便再也没有回过纽约。很快，大批经纪人聚集到费城。投资者在此购买了第一批8000万美元的联邦债券，筹得的资金用来偿还独立战争期间的债务。纽约的交易员快速买入和卖出债券，这标志着金融史上的又一个重要里程碑：投资者可以在自己想要或需要的时候将证券出售给经纪人，或者说中间人。中间人愿意承担风险，从卖家手中买下债券，直至找到新的买家。当然，他们希望这样做能够赚钱，即低价买入、高价卖出，但是事情并不总能如他们所愿——当时不能，现在也不能。华尔街的业务因此又多了一层风险。

随着华尔街在国家政治方面的重要性大大减弱，华尔街各方人士开始努力使其重新成为全国的金融中心。美国变成了全球少数几个政权所在地与金融中心相分离的国家之一。1792年3月1日，由一群"拍卖商"创办的纽约第一家"证券交易所"在华尔街22号开张营业。根据汉密尔顿的计划，财政部发行债券以偿还这个年轻国家的债务，而受财政部指定销售债券的就是这些拍卖商。沿街向东，大约在华尔街70号的位置，矗立着一棵美洲悬铃木，今天我们称之为梧桐树。这棵大树在独立战争中幸免于难，因而对年轻的美国具有重要的象征意义。在这棵树下，一小群经纪人早已开始买卖新兴共和国的债券了。他们还聚在华尔街更往东的唐提咖啡馆

（Tontine Coffee House）进行债券交易。［唐提咖啡馆的名字起源于17世纪的一种筹资方式，它由意大利人罗伦左·德·唐提（Lorenzo de Tonti）[1]发明，在法国尤其盛行。］经纪人们对财政部指定"拍卖商"为其独家代理一事颇为不满。

1792年5月17日，为了打破华尔街西面的拍卖商"垄断"，24位经纪人签订了一份协议，也就是后来所称的《梧桐树协议》。这是最早有关证券经纪人（即买卖股票和债券的人）如何合作的书面条例。根据协议，这24位经纪人"庄严宣誓，并向彼此承诺，即日起，我们将以不低于票面值0.25%的佣金率为任何客户买卖任何股票，同时在交易磋商中我们将给予彼此优先权"。汉密尔顿的纽约银行成为在新交易所交易的第一只股票。1798年之前，这家交易所一直落脚于如今的华尔街48号。随着时间的流逝，经纪人们成功打破了"垄断者"联盟，纽约证券交易所成为买卖股票和债券的场所之一。实际上，这创造了一个公平的资本市场，极大地促进了资本流动，使资金得以从掌握资本且愿意投资的人手中流入需要资本来创建或发展企业的人手中。

华尔街在金融方面的成就当属世界之最，然而，几乎从其存在开始，它就频频被世人指责为罪恶之地。华尔街今天

---

[1] 罗伦左·德·唐提（1602—1684），意大利加埃塔总督、那不勒斯银行家、唐提式保险的发明者。

遭受的敌意可以追溯到几个世纪之前。

事实上，在英国出生的美国金融家亨利·克卢斯（Henry Clews）[1]就曾在1887年拿起笔对抗当时人们对华尔街无休无止的批判，捍卫自己所从事的行业。克卢斯拥有一家以自己名字命名的大型证券承销公司，负责销售政府为偿还独立战争债务而发行的联邦债券。他十分厌烦公众将金融家描述为懦弱、贪婪的利己主义者。他写道："社会各界的许多人对金融事务以及华尔街的运作方式知之甚少，却纷纷抨击这个伟大的金融中心，称它为装满了各种邪恶却唯独没有希望的潘多拉魔盒[2]，这似乎是一种令人愉快的消遣方式。"而克卢斯认为，华尔街是"伟大的文明启迪之地，是强大的资本流动通道，巨额财富经由华尔街对美国工业企业的发展起到了强有力且必不可少的推动作用"，华尔街人士不应受到诋毁，相反，他们"通常都是重视个人荣誉的模范人物"，而且"他们的所作所为对拯救国家大有助益"——这益处是指他们在偿还独立战争债务中所起的作用。

克卢斯承认，曾经有段时间，美国最优秀、最聪明的人

---

[1] 亨利·克卢斯（1834—1923），美国金融家、作家。

[2] 潘多拉（Pandora）是希腊神话中众神创造出的第一个女人，她出于好奇打开了一只魔盒，释放出人世间的所有邪恶，但却在希望没有来得及释放时，盖上了盒盖。

才都羞于踏上华尔街，更别说在那儿工作了，但情况已变。
"如今，无论是从社会地位还是财务实力来说，华尔街圈内人
士都对自己的身份备感自豪，"他接着写道，"事实上，华尔
街已经是必需品，对这个国家的其他行业有良性刺激。各领
域都将这个金融中心当作繁荣指标。**它掌握着资本的流动，
而资本又操控着全球事务**。"2017年的情况与1887年及之前
并无不同，只是现在流经华尔街的资金规模一般都高达数万
亿美元。

克卢斯认为，凭着其对国家的贡献，华尔街理应受到赞
扬而不是诋毁。"依靠华尔街提供的资金，工业之轮在这片广
袤的大陆上隆隆运转，让我们的工业技术水平在一百年内赶
上了比我们领先一两千年的国家。"

克卢斯并不天真。他知道他的某些同仁行为不端（尽管
他认为作恶的大多是金融圈外人士，而非成长于圈内、受过
正规训练的人），而承担恶果的往往是美国民众。"有时华尔
街的声誉确实会受到些许损害，在那些远远观望的人眼中尤
其如此，这是因为偶尔会有不讲道德的人把华尔街人士和华
尔街资金当作欺诈对象，做出不光彩的行为，"他这样写道，
"大多是圈外人，很可能打着在华尔街工作的幌子，暗地里将
华尔街当成自己的非法猎物，肆意掠夺。当然，也只有在华
尔街，诈骗者只要能够顺利建立起获取非法钱财的隐秘关系，

就有机会攫取丰厚的收益。但是，对于这些人，华尔街的责任并不比教堂大。这群社会渣滓也用相同的手段侵占、滥用神圣的教堂。华尔街受这些投机分子所害，但它和教堂一样，并没有培养和协助投机分子。"克卢斯也指出，正直、道德和公平是不可替代的，即便对华尔街来说也是如此，或者说，对华尔街来说尤其如此。"没有哪一个伟大的行业不是建立在诚信和道德之上的，"他总结道，"以欺骗为根本的行当可能会繁荣一时，但最终必将垮塌。华尔街金融业已经达到了如此庞大的规模，恰恰证明它始终都坚守道德。从事物的社会和道德本质上来说，若非以平等和公平交易为原则，华尔街绝不可能聚集如此多财力雄厚的人。欺骗必定只是少数人的阴谋。"

克卢斯的观点完全正确。也就是说，虽然我们决不能姑息华尔街上的不良行为，但也不应该因为少数人的违法乱纪而阻碍华尔街在改善大多数美国民众的生活方面发挥重要作用。150多年前是如此，今天也是如此。

如今，我们笼统所指的"华尔街"已经不在华尔街上了。唯一真正坐落于华尔街的大型华尔街公司甚至不是美国公司，而是德国公司。2001年，德国银行业巨头德意志银行的美国证券分部买下了位于华尔街60号的一栋典雅建筑。此前多年，那儿一直是J.P.摩根公司（J.P. Morgan & Co.）[1]的总部，直至它与大通银行（Chase Manhattan Bank）[2]合并。与大通合并后，J.P.摩根公司最初位于华尔街23号的总部在2003年被出售给一位地产开发商，之后那里几乎变成一个空壳。5年后，这位地产商又将该建筑出售给了神秘的中国亿万富翁徐京华[3]，售价1.5亿美元。徐京华并没有对它采取任何措施。

今天的华尔街更像是迪士尼主题乐园，或者说是一座以赚钱为童话的迪士尼乐园。街上有一家蒂凡尼（Tiffany）[4]、一家爱马仕（Hermès）[5]专卖店，一家宝马汽车展示厅、一家塔米旅行箱（Tumi）[6]专卖店以及一家真实信仰（True Religion）[7]牛仔品牌折扣店。花旗集团的前身曾经将总部设

---

[1]美国著名的综合性金融公司，其历史可以追溯到1838年设立在英国伦敦的一家银行。1936年，J.P.摩根公司被拆分为两部分，一部分为J.P.摩根公司，继续从事传统的商业银行业务，另一部分为摩根士丹利，从事投资银行业务。2000年，J.P.摩根公司与大通银行（Chase Manhattan Bank）、富林明集团（Fleming Asset Management）合并成立摩根大通（JP Morgan Chase & Co）。

[2]成立于1799年，美国金融业巨头之一、大型商业银行，2000年与J.P.摩根公司、富林明集团合并成立摩根大通。

[3]徐京华（1958— ），祖籍香港，拥有安哥拉和英国双重国籍，中国国际基金公司的实际控制人，2015年10月8日在北京被捕。

[4]成立于1837年的高级珠宝饰品店。

[5]世界著名的奢侈品品牌。

[6]1975年在美国兴起的品牌。主要产品以旅行包、商务包为主。

[7]2002年创建的美国高端牛仔裤品牌。

在华尔街55号，这个地址如今是斯普莱利（Cipriani）[1]餐饮帝国旗下的一家连锁店，用来举行慈善晚宴。唐纳德·特朗普宣称自己拥有华尔街40号，当然并不完全是真的，华尔街40号的土地所有权实际上属于一位意大利商人，特朗普从其手中租赁了这栋建筑。此外，华尔街37号、63号、75号、95号以及101号都有公寓供出租或出售。

但是，华尔街依然是美国资本主义制度的强大象征。"9·11"事件之后，华尔街上禁止车辆通行，街头还设置了由电机控制的巨大钢质路桩，以确保闲杂车辆再也无法接近华尔街以及街上的历史性建筑。华尔街和百老汇大街交汇处的纽约证交所曾经是华尔街的代表，而现在它通常只是一个电视背景，在彭博、CNBC和福克斯商业等有线商业电视台不间断的财经报道中充当布景。如今大部分交易都已经电子化了。

当然，很多重要的金融机构，包括高盛、美国运通（American Express）[2]以及AIG，仍然将总部设在华尔街附近。但是，总的来说，实际的华尔街街道本身已然成为一片海市

---

[1] 意大利老牌餐厅。

[2] 成立于1850年，美国知名的跨国财务服务公司。

蜃楼、一座波特金村（Potemkin village）[1]，映射出的只是往昔的繁华岁月。在那个年代，交易员和银行家之间的面对面交流因为电脑和电话的尚未普及而显得落后陈旧。2016年6月中旬，CNBC的主播吉姆·克莱默（Jim Cramer）在推特上发布了一张华尔街与百老汇大街街角的照片。照片的背景是纽约证交所，一旁有一截台阶，通往空荡荡的华尔街23号。鹅卵石街道（不久前还是平坦的路面）修整得极好，正中央有4个年轻姑娘在瑜伽垫上摆着造型。"我还记得人们在这儿工作时的情景。"他写道。

所以请记住：华尔街之所以会出现，并非因为某个不为人知的恶棍想要以它为工具实现自己"劫贫济富"的宏大计划——华尔街绝对没有那么邪恶。大约400年来，华尔街不断发展演变，而它最初只是源于一个简单的想法，即人们拥有不同的技能和天赋，能够创造不同的物品和服务，而这些物品和服务又需要以某种方式被创造者卖出、被需求者买入。就是这么回事。

从许多方面来说，华尔街都像是周末农贸集市的终极发展形式。在农贸集市上，新鲜农产品被运到城镇的中心位置，

---

[1]出自俄罗斯历史的一个典故：俄罗斯帝国女皇叶卡捷琳娜二世的情夫波特金为了使女皇对他的领地有个良好印象，在女皇必经的路旁建起一批豪华的假村庄。于是，波特金村成了弄虚作假、装潢门面的代名词，常用来嘲弄那些看上去崇高堂皇实际上却空洞无物的事物。

供人们买卖。每个人都需要食物，但是并非每个人都能够或者想要成为农民。因此，交易的需求必然会产生。在华尔街上，每天被运往集市的新鲜农产品是金钱，或者说资本。华尔街所做的就是将储户和投资者等拥有资本的人与想要或需要资本发展企业、购买货物和服务、雇佣更多员工的人匹配。这背后的逻辑其实相当简单，完全没有一点儿复杂之处，除了那一大堆令人费解的华尔街术语。在华尔街的帮助下，包括苹果、谷歌和亚马逊在内的全球数百万企业发展壮大，几十亿人摆脱贫困，成为中产阶级甚至富人。从本质上来说，华尔街就是一种非凡的炼金术。我们应该赞扬它，而不是鄙视、打击或者解散它。如果你因为对一小群行为不端的银行家感到愤怒而全盘否定华尔街，那无异于俗语所说的"把孩子和洗澡水一起倒掉"——对于一个完全可以解决的问题，这样的反应太过激烈了。

第二章

银行是什么

导读

　　金融机构的出现，实在是人类历史上的头等大事，不亚于四大发明。金融机构将资金有效地配置给经济可行、有能力还本付息的机构和个人，通过提供这样的服务取得收入。

　　人类进入工商社会后，金融机构应运而生。如果生产都是以小规模社会群体，如家庭或小作坊来完成，贸易都在本乡本土进行，那么金融机构就没有必要设立。从历史来看，是因为出现了大规模的社会化生产、远程贸易，才产生了对于金融服务的需求。

　　在中国早在公元10世纪宋朝时，一张由信用好的钱庄开出的银票就可以在帝国全境内实现汇兑。其对于贸易及经济之促进，不言而喻。欧洲第一家银行于1407年在威尼斯共和国成立，服务其蓬勃的海上贸易。随着地理大发现和欧洲国家主导的远洋贸易的勃兴，荷兰的阿姆斯特丹、德国的汉堡、英国的伦敦也相继出现了银行。18世纪末至19世纪初，银行开始普遍发展。

　　本章介绍了金融业两类机构：一是商

业银行，一手收存款，一手放贷款，靠利差盈利；一类是投资银行，传统上以证券承销、交易和提供顾问服务（主要包括替客户买入、卖出资产）为业。本人在一家美资投行证券部门工作时，曾听前辈说过一桩逸事。20世纪90年代初期，这位前辈拜访一家中国内资企业，被询问投资银行具体提供什么服务。当得知投资银行既不收存款，也不发贷款，只提供证券承销、交易和提供顾问服务后，这家内企领导脱口而出："那不就是二道贩子！"

实际上，现代投资银行早已突破了服务业的领域，自营、高杠杆、高风险交易成了收入的主要来源，这也是2008年那次金融危机爆发的主要原因。

　　大多数人认为，除了把钱腾来挪去然后从中抽成之外，银行和银行家不用做很多事就能获取大量财富。那么，就让我们来看一看银行到底做了些什么。

　　商业银行在各地设有实体分行，那是让客户存兑支票、储蓄钱款的地方。它实行的是"部分准备金制度"。我知道，这是一个令人费解的词，但是其基本思想十分简单：你把自己的钱存到银行，可以直接把支票存入账户，也可以前往某家分行通过ATM机或银行柜员存入支票或现金。当然，现在你还可以使用手机存入支票。作为回报，银行向你承诺两点：首先，也是最重要的一点是，你的钱将一直保存在银行，只要你想就可以随时支取；第二点是，为了使用你的钱，银行将以利息的形式向你支付一小笔费用——如今真的是很小一笔费用。支票账户提供给储户的利率一般低于储蓄账户，因为从支票账户中取钱比从储蓄账户中取钱更为快捷。但两者之间的差别并不大，事实上，银行向这些账户支付的利息几乎可以忽略不计（一个奇怪的现象是，目前在有些国家，你需要向银行支付费用，让银行帮你"安全"保管钱财）。

　　无论商业银行如何用复杂的词汇来形容它们的业务，储蓄性金融机构日常所做的就是接收我们的存款（目前它们为此支付的费用几乎为零），然后把钱借给全球各地的众多企业、政府、学校、基金等，以期从中获取利润。利润的多少取决于借款企业或机构的信用风险。无论是通用电气，还是美国国家篮球协会（National Basketball Association，简称NBA），只要它们需要或者想要资金，都可以从银行贷款。当然，商业银行也向个人提供贷款，帮助人们购买房屋、汽车以及其他任何能够使用信用卡买到的东西。银行信贷承销团队会对借款人的信用状况进行评估，借款人的信用风险越高，银行向其贷款时的利率就越高。从理论上来说，由于高风险借款人向银行贷款的利率较高，他们为银行创造利润的潜力也应该较大。情况确实会是如此，而且也常常如此，除非借款人拖欠贷款。在这种情况下，借款人无力偿还贷款的风险将会加大。结果，贷款损失很可能会超过这部分客户的利润潜力，进而蚕食银行未来多年的预期利润。因此，根据借款人的信用风险决定是否向其贷款，这是一项微妙且至关重要的权衡工作。

从很多方面来说，银行业是一种终极信任游戏：英语"credit（信用）"一词源自拉丁语"credere"，意思是"相信"或"信任"。如果某位银行家向借款人提供贷款，这表示他相信借款人一定会偿还贷款并支付足够的利息（和手续费），使银行从中盈利。纯粹的信任行为！令人难以置信的是，尽管有所波折，但部分准备金制度总体运转良好。然而，如果所有人都开始担心自己无法在需要的时候把钱从银行中取出来，恐慌情绪就会迅速蔓延。恐慌会变成自我实现的预言，导致银行破产，因为人们很快就会蜂拥而至，争相取款，进而造成银行现金枯竭，或者致使银行无力借到更多钱，于是银行再也无法保证我们能在需要的时候取到钱。一旦出现这种情况（幸好，总体来说，这种情况比较少见），个人储户、银行乃至整个国家和国际经济都有可能遭受毁灭性打击。

换句话说，银行破产绝对是一件大事。出于这一点以及其他一些原因，大萧条（Great Depression）[1]发生之后，联邦政府在1933年6月成立了联邦存款保险公司（Federal Deposit Insurance Corporation，简称FDIC），目的是保护个人储户的存款，以防出现挤兑恐慌。目前，FDIC承诺对每位投保人在单家银行的存款损失最高赔付25万美元。当然，这种方式并不总能奏效，银行还是会破产，但是储户们现在至少能够确信，自己不会失去一切。

如今，大型银行还开展其他一些业务，从某种程度上来说，这是因为大萧条时期迫使商业银行业务与投资银行业务分离的《格拉斯-斯蒂格尔法案》在1999年被废除。银行为人们管理钱财，帮助他们增加财富；为捐赠基金、养老基金等其他机构管理资金；为企业CEO提供咨询服务，帮助他们买

---

[1] 1929—1933年发生于美国及其他国家的经济危机和大萧条。

卖公司（包括他们自己的公司和他人的公司）或公司的部分业务。银行还承销股票和债券，通过下属的证券子公司进行交易，并用个人股票和债券做市，以维持市场的"流动性"，或者保证客户在想要或需要的时候能够卖出证券。它们还提供住房抵押贷款和汽车贷款，发行信用卡。事实上，自汉密尔顿和伯尔时代以来，银行就渗透了我们日常金融生活的每一个角落。总的来说，这是一件好事。巨额资金因此而流动起来，全球各地有需要的人能够以合理的成本获取资金，用来创建或发展企业、雇佣更多员工、提高员工薪酬、开发新产品和新技术、建设新工厂或购买新设备。这一切都源于一个简单的想法，即有些人拥有资金，而有些人想要或需要资金。

从根本上来说，商业银行只不过是一个中间商，其作用是高效地将上述两类人联系在一起：投资者通过投资得到他们认为合理的财务回报，而借款人也以他们认为合理的成本获得资金。银行在这两者之间起到了连接作用，并以手续费和利息的形式获得回报。就这么简单。商业银行偶尔也会有严重违法行为，例如2016年浮出水面的富国银行交叉销售欺诈。在这起事件中，富国银行的部分员工在客户没有要求的情况下擅自开设账户，以收取不应收取的费用。共有5300名员工因此被解雇。只要不发生此类违法行为，商业银行一般不会引起公愤，因为民众直接与商业银行打交道，了解商业银行的作用：**我们需要钱时可以到银行去取**。

高盛和摩根士丹利等投资银行则有所不同。然而，说到底，投资银行与商业银行始终拥有相同的目标，即尽可能多地为员工和股东赚取利润。但是，一直到最近，这两类银行之间的主要区别就是投资银行不允许接收存款。（成立约147年后，高盛终于认定，吸收小额零星存款可能也有利可图：高盛没有设立分行，相反，它通过互联网吸引存款。它还将首次利用互联网向客户发放小额贷款。）

过去，投资银行都是规模很小的私人企业，它们唯一可用的资金来自于合伙人的投资。（1970年投资银行纷纷上市，之后情况就有了**极为显著**的不同。我们将在后面的章节中对这一意义深远的变化进行讨论。）它们可以向其他投资者、银行或者"市场"借钱，但是与商业银行不同的是，它们没有现成的、几乎取之不尽的"原料来源"（即储户的存款）供其开展业务。投资银行只能通过借钱或者合伙人的投资获取资金。在很长一段时间内，资金对于投资银行来说是一种十分珍贵而且常常极度稀缺的资产。为了盈利，银行必须谨慎、明智地使用资金。一旦一家投资银行耗尽了手中的资金，再想获得更多资金往往为时已晚，基本上不会有人将它从困境中拯救出来，于是它只能破产。这就是为什么华尔街的投资银行和经纪公司一直都是风险超高的行当。对它们来说，几乎不存在安全保障。[当然，这种情况从20世纪晚期开始改变。第一次堪称典范的援救行为发生在2008年3月，当时摩根大通在联邦政府的授权下对贝尔斯登（Bear Stearns）[1]伸出了援手。]

由于投资银行不用担心普通民众的存款遭受损失，因此其公信力或对国民利益的社会责任感也较低。商业银行经过一段时间的发展后受到了高度管制，它们所冒的风险理应比投资银行少得多。而在投资银行，由于没有储户存款，只有合伙人投入或借来的资金，因此形成了一种敏锐的冒险文化。

接下来的一点非常重要：在过去很长一段时间内，投资银行的合伙人都秉持着**谨慎**冒风险的理念。尽管人人都懂得风险越高回报也越高的道理，但是华尔街投资银行的合伙人仍然不想草率冒险，因为银行的资金大多都是他们自己的钱。赚钱、赚很多钱，这当然是好事，但是风险不能是银行倒闭、合伙人损失辛苦积累下来的资本和大量个人财富。然而，当银行家和交易员得到允许，可以获取并使用别人的钱进行金融赌博后，他们所需承担的个人风险便与回报脱钩了。自那以后，华尔街就完全失控了。

对于商业银行来说，厚重、稳妥的**形象**十分关键。因此，

---

[1] 成立于1923年，原华尔街第五大投资银行，2008年被摩根大通收购。

商业银行都坐落于庞大的石质建筑中,拥有巨大的拱顶大堂。让储户在走进商业银行旋转门的第一时间就感受到强烈的诚信和谨慎,这一点非常重要。

而投资银行传递的信息则不同。它们想要传达一种优越感和神秘感。通常,投资银行的名称不会出现在建筑物上。高盛成立于1869年,在其存在的大部分时间内,它的名字从未出现在总部大楼的外表面上(现在仍然没有)。1848年成立于新奥尔良的拉扎德银行(Lazard Frères & Co.)[1]也从来没有公开宣扬过自己的存在。如果你不知道它在哪儿,你就很难找到它。这样传递出的信息非常明确:这些公司不对公众开放。你在这儿不受欢迎。

投资银行的服务对象是那些寻求资本、需要咨询服务、愿意进行风险投资或者想要以上一切的富有的个人、机构或企业。过去,投资银行之所以会坚守道德底线(至少理论上如此),原因在于合伙人每天都要面临相当大的风险,一次愚蠢的行动就有可能导致他们的资本损失殆尽,令他们多年积累下来的个人财富在一瞬间灰飞烟灭。据说,英国智者塞缪尔·约翰逊(Samuel Johnson)[2]曾在1777年指出:"我敢说,

---

[1] 华尔街最神秘的投行,在很长时间内都是一家家族企业,也是近几十年来最好的国际投资银行之一。

[2] 塞缪尔·约翰逊,18世纪英国作家、批评家。

先生，当一个人知道自己将在两个星期后被绞死，他的思想会因此变得出奇地集中。"在很大程度上，这种每天不间断的破产威胁促使合伙人以及他们手下的交易员集中精力、谨慎冒险，交易员尤其如此（想象一下，你可能因为一次鲁莽的赌博而使你的老板失去所有的个人财富）。投资银行的风险确实比商业银行更高，但它们并非无所节制地冒险。到20世纪后期，情况发生了变化：投资银行纷纷上市，它们开始利用别人的钱而非合伙人的钱来冒险，这打破了华尔街上百年来的风险回报平衡。我们将在后面的章节中对此进行讨论。

我们有必要让华尔街重新回到谨慎冒风险的时代，让公司领导人为自己的不良行为和愚蠢冒险承担**个人**责任。过去，华尔街上都是一些资金不足的私人合伙制公司，实施问责制是理所当然的。然而到了现代，华尔街变成了一家家巨型上市公司，其中满满的都是别人的钱，奖金文化替代了合伙制文化，于是问责制消失得无影无踪。据说，最为危险的四个字就是"别人的钱"。我们必须恢复问责制，而且要尽快恢复。如果有银行家或交易员创造并销售某种疯狂的金融产品，或者进行了一次可怕的高风险赌博，而与此同时他又清楚地知道自己的做法很可能会出问题，那么，毫无疑问，一旦罪名坐实，他的豪宅墙上挂着的昂贵艺术品乃至整栋豪宅都应被拍卖，拍卖收入归受害者所有。

在这一点上，不应该有任何含糊。

但是同时，我们还必须鼓励华尔街进行金融创新，因为正是金融创新促成了我所说的"资本民主化"，让越来越多的人有机会以合理的价格获取资金——无论是通过住房抵押贷款、车贷还是信用卡。这些都是华尔街开创的重大革新，它们造就了我们这个国家，让我们拥有了现在的生活方式。如果华尔街被突然取缔，我们还是会要求它再回来的。我的意思是，如果你可以选择，你愿意回到石器时代吗？

第三章

危　机

导读

　　进入近代工商社会后，资本主义经济体总是呈现扩张、危机、衰退、振兴四个阶段，循环变动。

　　金融危机是经济危机的重要组成部分。在金融危机初期，主要金融指标如证券、房地产、土地的价格大跌。这往往引起金融机构倒闭或减少贷款，引起信用紧缩。实体经济的工商业企业无法取得必要的信贷，破产数增加，引起全面萧条。

　　一定意义上说，金融危机可以说是人性弱点的产物。如果资本市场参与者永远是理性、公平、公正、公开的，也许就有可能避免金融危机。但很可惜，这也许是永远无法实现的。

　　本章历数了美国历史上一系列金融危机，几乎都是遵循"宽松—资产价格上升—出现泡沫—宽松持续—泡沫扩大直到破灭"这样的模式。19世纪晚期，美国的经济实力全面赶上了英国，还出现了 J. P. 摩根这样一位有世界声誉和影响力的金融家，他在美国金融界的重要性可与英国洛希尔家族相提并论。这样的大金融家，心中考虑的断乎不止区区个人私利，而是国家宏观经济全局。J. P. 摩根不仅主导了数次金融危机的救援工作，还促使联邦储备系统于1913年成立。金融事业之外，他还带领美国当时许多富裕人家，广泛开展慈善工作。这样一位人杰，却遭到了许多别有用心的社会势力的污蔑，实在令人感叹。面对巨大的政府和企业，普通人有时觉得自己极其弱小，怀疑和阴谋论随之而生。即使是在2008年的援救中，联邦政府出台的"问题资产救助计划"也遭到了民粹派政治家和意见领袖的质疑。须知如果金融系统全面崩溃，则文明社会也基本全面崩溃。民粹派意见可以休矣。

大多数人将愤怒指向华尔街的原因主要有两个：首先，在华尔街工作的银行家、交易员和管理者不计后果地引发金融危机，致使其他人受到伤害；其次，即使他们令他人遭受重大损失，也有办法让自己发财。让我们来看看第一个原因，并试着更好地了解金融危机的本质。

最重要的一点是，丑闻、恐慌、泡沫以及金融危机很早以前就存在了，这是我们有目共睹的。这些不是华尔街的首创，而是人性使然。早在华尔街形成之前，它们就已经存在。因此，如果我们将华尔街的存在视作金融危机的唯一原因，那就大错特错。这一点非常重要，我们必须牢记在心。当然，这并不表示华尔街没有参与或加剧金融动荡。

1817年3月，一群在华尔街唐提咖啡馆和梧桐树下从事了多年交易的经纪人决定成立一个正式的组织，他们将之称为纽约证券交易委员会（New York Stock and Exchange Board）。他们在华尔街40号租下一个房间，定期在那儿会面。该组织是纽约证券交易所的前身，其目的是方便交易会主席每天公布在交易会挂牌的股票买卖价格。交易会还达成一致，如果有成员在交易会内进行"虚假合约"交易，一旦被证实，他将受到惩罚，被驱逐出交易会。

交易会成立初期，大约只有30只股票和债券在其中交易，包括联邦政府、州政府和市政府发行的债券以及当地银行和

64

保险公司的股票。证券交易会的成立使股票和债券交易活动从街头转移到了场内，也见证了同一时期第一批投资银行的创立与崛起。很显然，这些投资银行的目的是，通过为新兴企业筹集资金实现盈利，并帮助有意愿者进行证券交易——今天的投资银行同样以此为宗旨。借助于它们筹集的资金，年轻的美国开始大兴土木，全新的公路、桥梁、运河及铁路连接东西、贯通南北，沿途创造了大量就业机会和财富。

但是在1819年，美国经历了第一次全国性金融危机（之后还有很多次）。这次危机被称为1819年大恐慌，它导致美国在随后的两年内陷入了短暂但痛苦的经济衰退。当然，与历次危机一样，这次恐慌的原因非常复杂，但对于经历了2008年金融危机的我们来说，问题的症结似乎并不陌生。1812年战争[1]后的数年内，联邦政府及其所辖的银行鼓励宽松信贷。一位名叫穆瑞·罗斯巴德（Murray Rothbard）[2]的历史学家将战争后、崩溃前的这段时期称为"大繁荣"，当时合众国银行在美国财政部的帮助和支持下"成了一支扩大信贷而非限制信贷的力量"。联邦政府鼓励人们贷款和投资。土地购买者只需在40天内支付购买总价的1/4，而对于未能在5

[1] 1812—1815年美国与英国之间发生的战争，又称为美国第二次独立战争。
[2] 穆瑞·罗斯巴德（1926—1995），美国经济学家、历史学家，他的著作对现代自由意志主义和无政府资本主义有很大贡献。

年内付清余款的购买者，国会一再推迟惩罚，不没收土地。投机和金融泡沫可不是什么新鲜事物。

当然，泡沫的破裂是由一系列因素造成的。首先，投资者有权将银行票据兑换成现金，但当他们试图这么做时，银行却越来越不情愿，或者越来越无力满足投资者的要求。银行的信用风险升高，银行票据便开始贬值交易，而这又成了一个自我应验的预言，导致越来越多的人担心全国各地如雨后春笋般冒出来的银行是否可靠。于是，信贷紧缩，恐慌开始。

19世纪还发生了很多次恐慌，如1857年、1873年、1884年、1893年等，而这些只是其中的一小部分，其余的我就不一一列举了。历史学家约翰·肯尼思·加尔布雷斯（John Kenneth Galbraith）[1]认为，这些"恐慌"大致都发生在"人们刚刚将上一次灾难淡忘之时"，而且总是一再牵涉到同一种典型的人类行为。但是，在1819年以及之后的动荡中，华尔街总能恢复元气，保住其金融中心的地位，继续在这个年轻的国家中承担重要的职责。华尔街形成之前和之后发生了很多次危机，而你我都不复存在之后危机也还将继续发生，重要的是要记住，这些所谓的"邪恶大银行"曾经且一直在筹集资金，国家因此得到建设，数百万人找到工作、摆脱了贫困。

---

[1]约翰·肯尼思·加尔布雷斯（1908—2006），20世纪颇具影响力的加拿大裔美国经济学家。

建国还不到一个世纪，美国就成为一块磁铁，吸引着许多饱受压迫的人前来寻找更好的生活。移民来到美国的原因有很多，其中之一就是美国为他们提供了开创和发展新事业、创造新财富的机会。而华尔街正是这一切机会的核心所在。

然而，不可否认的是，华尔街尤其擅长引发或加剧危机，因为它是一个极其符合达尔文主义[1]的地方。只要有人买进股票或债券，就有人卖出。只要有交易，就有客户和交易对手。只要有赢家，就有输家。这些都不可避免。因此，群体性的不良或不理性行为一旦出现，往往就难以阻止，尽管我们总是认为自己有能力阻止。这就是人性。

美国的问题是应该如何应对恐慌造成的后果。联邦政府是否应该干预，对银行或华尔街证券公司施以援手？政府是否应该含蓄或明确地向银行承诺，如果情况变糟，政府将实施援救？这样做是否会对银行家的不良行为起到鼓励作用，制造所谓的"道德风险"？如果把时间往前推150年，问题就变成：联邦政府是否应该出手拯救濒临破产的铁路公司或缆绳公司？从美国历史来看，答案往往是：如果一家银行即将倒闭，那就让它倒闭；如果一家铁路公司或制造企业即将破产，那就让它破产。让市场选择赢家和输家，让股东承受失

[1]指由英国自然学家查尔斯·达尔文等创建的生物进化理论。该理论指出，所有物种都是通过自然选择产生和发展的，适者生存，不适者被淘汰。

败的痛苦，让债权人拣食残骸。历史上的很多时候（当然也有例外），"适者生存"都是对华尔街及其他人最有利的做法。然而，在20世纪和21世纪初的金融危机中，这种做法受到了严峻的考验，被彻底推翻。

此外，在美国历史上的大多数时候，如果华尔街的银行家或交易员因为明显的不道德行为而导致丑闻或金融危机，他们一定会被起诉，这不仅是必要的惩罚手段，还是一种传递信息的重要途径，表明此类行为绝对不可容忍。万一有人肆意操控金融市场而不必承担后果，风险就太大了。但是，如果对恐慌反应过度，出台新的监管措施阻止银行履行加速经济发展的基本和重要职责，那么整个国家的经济前景就会受到损害。这种做法毫无道理可言，而我们恰恰一直在这么做。

以1893年大恐慌为例。它触发了一场严重的经济灾难，但它实际上也为联邦政府化解危机提供了一个有趣的模板。当时大约有66万人失业，那真是一段可怕的时光。在此期间，银行家J. P.摩根（John Pierpont Morgan）[1]忙着对破产的铁路公司进行重组。他认为，如果让这些公司拥有更为安全的财务基础，就业就能恢复，经济就能获得急需的增长动力。他还对美国财政部的黄金供应"保持密切关注"，因为源源不断

---

[1] J. P.摩根（1837—1913），美国金融家、银行家，在19世纪晚期及20世纪初期主导了美国的企业融资和产业整合。

地有美国人将黄金兑换成纸币，致使美国黄金储备减少。

摩根的权力和声望非常之大，不仅能够影响市场，还能让联邦政府屈从于他的意志。他在1895年对联邦黄金供应实施的援救成为一个模板，在1907年大恐慌期间及之后他也采用了相同的做法。此外，这次援救还促使联邦储备系统（the Federal Reserve System，简称美联储）于1913年成立。正如我们在2008年及之后看到的，美联储一直恪守其作为美国最后贷款人（lender of last resort）[1]的职责。1895年，摩根在幕后与国会和财政部的领导人合作，制订了发行黄金担保债券的计划，以恢复人们对美国财政状况的信心。多亏有华尔街，危机才得以解除。这次援救为利用私人市场化解政府财政危机确立了重要的新模板。靠着J. P.摩根在危急关头的筹资能力，危机得以解决。这可不是最后一次。

由于策划了避免美国金融市场进一步崩溃的计划，摩根得到了应有的赞扬，但他也遭受了过多的公众谴责。19世纪晚期也是美国历史上的民粹主义时期。让民众不能容忍的是，政府竟然与华尔街最有权势的银行家合谋解决问题——当然，他们从中获利了，但远比民众认为的要少。很显然，另一种做法——什么也不做，任由美国拖欠债务——很可能比摩根

---

[1]指在出现危机或流动资金短缺的情况时，负责应付资金需求的机构，通常为中央银行。

私人发行债券的计划要糟糕得多。但是，这种论点很少能赢得大众的支持，就像美国民众难以看到2008年银行"援救"行动的价值所在。很多人都记得，在2008年的援救中，联邦政府出台了7000亿美元的"问题资产救助计划"（Troubled Asset Relief Program，简称TARP），在最为严峻的时刻向华尔街大银行紧急注资，以解它们的燃眉之急。这场援救很可能使金融系统摆脱了一场严重的灾难，其正面意义远远大于TARP的负面影响。

关于TARP，人们遗忘或者不知道的一点是，那些接受了政府数十亿美元注资的银行最终不仅连本带息偿还了贷款，还向政府支付了几十亿美元，用来回购政府以贷款报酬的名义获得的银行认股权证和少量股份。换句话说，通过向陷入困境的银行提供TARP贷款，联邦政府获得了巨额利润。

同时，我们必须考虑到以下事实：2008年金融危机之所以会爆发，很大一部分责任在于那些贪婪的银行家。他们把价值可疑的资产打包为证券，然后将之作为正规的投资产品在全球各地销售。结果不出所料，他们只能眼睁睁地看着这些证券违约。我很快将在下文对此进行详述。

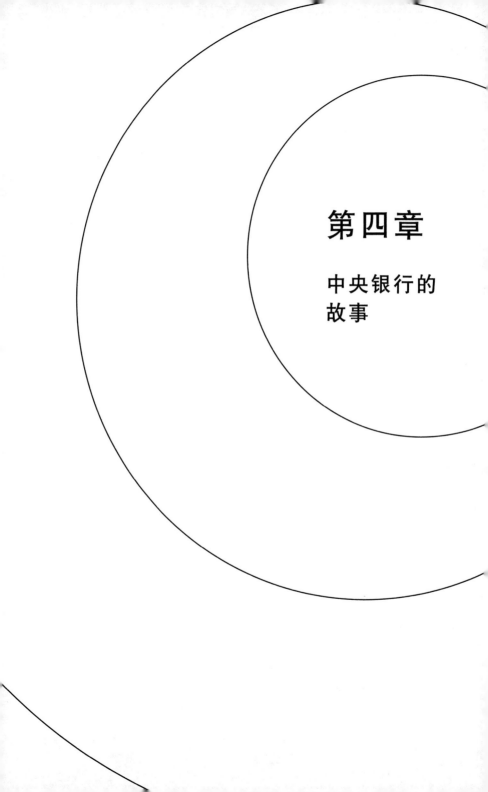

第四章

中央银行的
故事

导读

　　中央银行是人类金融史上又一伟大创举，是资本主义从自由放任过渡到政府监管与市场调节相结合的重要标志。金融市场通过有序竞争而发展壮大，服务实体经济。中央银行是维持金融市场秩序的必要上层建筑。商业银行向中央银行缴纳准备金；中央银行作为最后贷款人，根据市场情况向商业银行释放或回收流动性，并负责发行货币。

　　成立美联储，是美国金融业从完全市场竞争到有序竞争的转折点。作为世界第一经济大国的美国，其金融业已经到了必须长期、有效管理的地步。

　　本章描述了20世纪初美国政经两界领袖人物如何克服万难，协调各方意见与诉求，取得共识，设计并一步步推进成立美联储。"联邦储备系统的主要任务是保持低通胀和稳健就业，以此维护银行、银行家乃至整个金融系统的利益。"而这的确符合美国人民的利益。金融业的本质不是掠夺，而是服务实体经济，造福社会。

　　本章中提到的针对金融家的恐怖袭击，

实在是令人发指。19世纪末欧洲掀起的无政府主义恐怖袭击狂潮，受害者上至俄罗斯沙皇，下至社会各界贤达，只有破坏，绝无建设，是20世纪极端主义，如法西斯的前兆。解决任何问题，总需要在现有架构、既定程序内，合理合法循序推进，暴力永远不会是有效的解决方案。

人们憎恨华尔街的原因之一是其不透明性。显然，不透明滋生了不信任。那里到底发生了什么？一个多世纪前，一群有权有势的银行家前往一座偏远的岛屿，在一家排他性俱乐部里创立了美联储，并赋予其美国中央银行的地位。因此，人们对美联储的动机也持怀疑态度，这实在不足为奇。但是，我们必须了解，美联储发挥着重要作用，在必要的时候，它会监督、管理以及拯救我们的金融系统。

整个19世纪及20世纪初，经济局势动荡不安，繁荣与萧条不断交替，因此，有人认为应该建立一个结构更为紧密的集中型金融系统。毕竟，金融救世主J.P.摩根不可能永生不老。而且，随着美国经济的增长，美国金融系统也不断扩大，不可能总是指望某一个人一次又一次地施以援手。因此，1910年11月，罗得岛州参议员尼尔森·奥尔德里奇（Nelson Aldrich）[1]将一群精英政治家和银行家邀请到哲基尔岛俱乐部（Jekyll Island Club），探讨有关成立中央银行的想法。这是一家排他性俱乐部，位于佐治亚州沿海，就连J.P.摩根也必须提前预约才能使用该俱乐部。参加这次秘密会议的包括时任J.P.摩根公司高级合伙人的亨利·戴维森（Henry Davison）[2]以及当时任职于J.P.摩根公司下属信孚银行（Bankers Trust）

[1]尼尔森·奥尔德里奇（1841—1915），美国杰出的政治家、共和党领袖。
[2]亨利·戴维森（1867—1922），美国银行家、慈善家。

的本杰明·斯特朗（Benjamin Strong）[1]（他即将成为纽约联邦
储备银行的第一任总裁）。那个时代的另一位知名银行家保
罗·沃伯格（Paul Warburg）[2]也在场。有权有势的银行家及经
济学家与奥尔德里奇参议员亲密合作以创建美国最为强大的
银行，此事很可能会引起公众恐慌。为了避免这种情况发生，
他们以"猎野鸭"的名义聚在一起。他们乘坐奥尔德里奇的私
人列车一路向南，彼此之间只以名相称，而绝不使用姓。由
于担心消息外泄，戴维森和另一位银行家弗兰克·范德里普
（Frank Vanderlip）[3]甚至像莱特兄弟那样称呼彼此为奥维尔和
威尔伯[4]。

在接下来的两周内，银行家和参议员并没有去猎野鸭，
相反，他们设计了一套由12家地区性联邦储备银行和一个中
央理事会构成的系统。理事会中没有政界人士，其成员全部
是银行家或者是银行家指定的人。他们的计划是将J.P.摩根
在1893年和1907年危机爆发后的个人援救行为固化为制度。
新的中央银行不仅将是美国的最后贷款人，还将以避免金融

---

[1] 本杰明·斯特朗（1872—1928），美国银行家，连续14年担任美联储总裁，
直至去世。

[2] 保罗·沃伯格（1868—1932），出生于德国的美国银行家，美联储的早期拥护者。

[3] 弗兰克·范德里普（1864—1937），美国银行家，曾任纽约国家城市银行（花
旗银行的前身）总裁、美国财政部副部长。

[4] 莱特兄弟中的哥哥是威尔伯·莱特，弟弟是奥维尔·莱特。

系统过热为首要职责。正如美联储后来的主席、也是任职时间最长的主席威廉·麦克切斯尼·马丁（William McChesney Martin）[1]曾经开玩笑地说，他的工作就是"在聚会开始时把酒杯拿走"。J. P. 摩根的传记作者之一琼·施特劳斯（Jean Strouse）在提到哲基尔岛秘密会议时写道，在场的人都"认为自己不是在牟取私利，而是在设计一个使整个国家都受益的金融系统"。

但是，当时的政坛却反对银行家们的哲基尔岛方案。和以往一样，国会不敢让华尔街掌管中央银行这样的重要机构。政府之所以会有这样的担心，很大程度上是因为多年来国家财政力量已经过度集中到了少数华尔街银行家手中，尤其是J. P. 摩根及其好友纽约第一国家银行（First National Bank of New York）[2]的乔治·贝克（George Baker）[3]和纽约国家城市银行（National City Bank of New York）[4]的詹姆斯·斯蒂尔曼

---

[1]威廉·麦克切斯尼·马丁（1906—1998），1951年至1970年任美联储主席，为美联储第9任主席。

[2]花旗银行的前身之一。

[3]乔治·贝克（1840—1931），美国金融家、慈善家。

[4]前身为成立于1812年的纽约城市银行，1865年更名为纽约国家城市银行，1955年与纽约第一国家银行合并为纽约第一国家城市银行，之后于1976年更名为花旗银行。

（James Stillman）[1]。

最终，华尔街对联邦储备系统的控制受到了限制，但其影响力仍然很大。1913年的《联邦储备法案》按照哲基尔岛会议的设想，创建了一个由12家地区性联邦储备银行组成的系统，这12家银行由各地的商业银行控股，其职能包括调节货币供应、平抑通货膨胀以及在金融危机中充当国家的最后贷款人。法案还指定在华盛顿设立一个管理委员会——联邦储备委员会，成员由美国总统任命。今天，联邦储备委员会主席是华盛顿最有权势的人物之一。

尽管创建联邦储备系统的部分原因是为了从源头上防止1907年的大恐慌再次发生，但是亨利·戈德曼（Henry Goldman，高盛集团创始人之子）似乎本能地察觉到，在危难关头向联邦储备银行寻求帮助也存在风险，因为这可能引发或加剧人们对求助银行的恐慌情绪。他告诉当时被派来征求他意见的两位内阁部长——财政部长威廉·麦卡杜（William McAdoo）[2]和农业部长戴维·休斯顿（David Houston）[3]，"我

---

[1] 詹姆斯·斯蒂尔曼（1850—1918），美国商人，在土地、银行和铁路等领域投资，曾任纽约国家城市银行董事会主席。

[2] 威廉·麦卡杜（1863—1941），美国律师、政治家，美国第28任总统伍德罗·威尔逊的女婿兼财政部长。

[3] 戴维·休斯顿（1866—1940），美国学者、商人、保守派民主党政治家，在威尔逊总统任内曾先后担任美国农业部长和财政部长。

们应该忘掉'援助'一词"。他说:"'得到援助'这种说法相
当于发出警报……银行从联邦储备银行那里获得减息贷款是
完全正常的事,并不表示这家银行正接受'援助'。"银行接
受联邦储备银行的"援助",这显然是不正常的,但亨利·戈
德曼知道,关键是要让此事**看起来**正常——银行原本是出于
财政上的担忧而寻求帮助,不能让它们的担忧变成自我实现
的预言。[正是由于担心这种情况发生,2008年金融危机期
间,美国财政部长汉克·保尔森(Hank Paulson)[1]坚持要求
所有大银行都接受TARP贷款,不管它们有没有表示过需要
资金。]

麦卡杜、休斯顿和戈德曼在1914年1月进行了这场讨论。
我们不难想象,如果是在2008年9月,参加讨论的便是汉
克·保尔森、蒂姆·盖特纳(Tim Geithner)[2]和劳尔德·贝兰
克梵(Lloyd Blankfein)[3]。两位部长认为提供流动性的能力至
关重要。戈德曼表示赞同,但他也不无预见性地警告,一旦
真有银行向联邦储备银行借款,就该小心市场上的流言蜚语
了。"我确信,商业界里有很多古老的观念,在我们脑中已经

---

[1]汉克·保尔森,美国银行家,曾任高盛集团董事长兼CEO,2006年出任美国
第74任财政部长。

[2]蒂姆·盖特纳,曾任纽约联邦储备银行行长,2009年出任美国第75任财政部长。

[3]劳尔德·贝兰克梵,2006年接替汉克·保尔森成为高盛集团董事长兼CEO。

根深蒂固，任何系统都没法忽略它们，其中之一就是机构的资本实力。"戈德曼如此说道。两位内阁部长认同他的观点。

休斯顿好奇地问道："有时也算是心理原因吧？"

"我认为，在紧急时刻，完完全全就是心理原因。"戈德曼回答道，"不过，如果在那时候将人们的心理预期引向正确的方向，1907年的一些残酷事件就不会发生了。"他告诉两位部长，他们可以运用"手中"的权力，让联邦储备银行系统成为"一种起到良性作用的伟大工具"。一百多年后，有关联邦储备系统究竟是良善之源还是邪恶之始的问题备受争议。但是，这也许不是我们应该问的问题。关键是要记住，联邦储备系统的主要任务是保持低通胀和稳健就业，以此维护银行、银行家乃至整个金融系统的利益。如果这恰好与美国民众的利益一致，那就更好了。

不管怎么说，联邦储备系统的创建确实令美国人愈发担忧银行系统的目的是牺牲穷人、造福富人。毕竟，如果你在1910年时听说一群银行家和政界人士前往某个私人俱乐部秘密筹谋成立中央银行，也会有充分理由对他们的行为感到担忧甚至愤怒。这种愤怒与迪克·富尔德（Dick Fuld）[1]恶行曝光后我们的感受没有两样——作为雷曼兄弟的CEO，富尔德

---

[1]迪克·富尔德，美国银行家，雷曼兄弟的最后一任董事长和CEO。

多年来从这家投资银行牟取了总共超过5亿美元的私利，最终导致雷曼兄弟公司破产，美国经济陷入动荡。因此，今天许多人都对华尔街和银行愤怒，这并不是什么新鲜事，只是有时人们受到了误导，将愤怒指向了错误的对象。

象征财富或财富创造的事物历来都饱受诟病。摧毁你认为邪恶的东西，尤其是那些看起来无法得到或只有别人能够得到的东西，这也是人性的产物。

据《纽约时报》报道，1891年，一个名叫亨利·诺克罗斯（Henry Norcross）的"疯子"试图杀害金融家罗素·塞奇（Russell Sage）[1]，事发地点就在塞奇的办公室内，即百老汇大街71号（靠近华尔街）二楼。诺克罗斯闯进塞奇的办公室，声称想要和他谈谈铁路债券，随后又索要120万美元。塞奇根本没有搭理他。"那就看好了！"说完，他往地板上扔了一个装满炸药的背包。塞奇的秘书遇害，另有8人受伤。诺克罗斯被炸死，塞奇受伤。

第二年，一个名叫亚历山大·贝克曼（Alexander Berkman）[2]的俄罗斯无政府主义者企图杀害富有的实业家亨利·克雷·弗

---

[1] 罗素·塞奇（1816—1906），美国金融家、铁路大亨。

[2] 亚历山大·贝克曼（1870—1936），20世纪初无政府主义活动的领军人物，以政治激进主义和相关著作闻名。

里克（Henry Clay Frick）[1]，但未能成功。贝克曼为此坐了14年牢。然而，一被释放，他又引爆了一枚炸弹，导致4人死亡，而他原本想要伤害的约翰·D. 洛克菲勒（John D. Rockefeller）[2]则躲过一劫。（贝克曼后来自杀身亡。）1915年7月3日，刚刚在美国国会大厦引爆了3根雷管的埃里克·蒙特（Eric Muenter）又赶往纽约长岛格伦科夫（Glen Cove）附近的一座岛屿，目的地是小J. P.摩根（J. P. Morgan Jr.）[3]在那里的豪宅。蒙特曾是哈佛教授，同时也是德国的支持者，对美国加入第一次世界大战十分不满。根据《纽约时报》的报道，他设法进入摩根的房子，对着银行家开了数枪，"其中两枪命中目标"。正当蒙特准备对准摩根再开一枪时，身材肥胖的银行家扑倒在枪手身上，将他牢牢压在地板上。在摩根家人以及正与摩根共进午餐的英国驻美大使的帮助下，蒙特被逮捕。据报道，蒙特被捕时大叫："杀了我！ 现在就杀了我！我不想活了。过去6个月来我生不如死，就是因为欧洲战争。"

---

[1] 亨利·克雷·弗里克（1849—1919），美国实业家、金融家，曾任卡内基钢铁公司（Carnegie Steel Company）董事长，在美国钢铁公司（U.S. Steel）的创建过程中起到了重要作用。

[2] 约翰·D. 洛克菲勒（1839—1937），美国实业家、慈善家，1870年创建标准石油公司（Standard Oil），在全盛期垄断了全美90%的石油市场，成为历史上第一位亿万富豪与全球首富。

[3] 小J. P.摩根（1876—1943），J. P.摩根的儿子，美国银行家、金融高管、慈善家，1913年J. P.摩根去世后继承了巨额遗产。

两天后，他在狱中自杀。

迈克尔·坎内尔（Michael Cannell）的《燃烧》（*Incendiary*）一书记载，1920年9月16日，时近正午，一匹疲惫的老马拉着一辆盖着篷布的车缓缓行驶——"用来运送牛奶和鸡蛋的那种车。"坎内尔写道。马车驶向华尔街与百老汇大街交叉口的华尔街23号，J.P.摩根公司宏伟的带穹顶的总部就在那里。金融界简称这个十字路口为"街角"，那是当时最为重要的金融地址。在百老汇大街上，与华尔街23号隔街相对的是纽约证交所的总部。而在华尔街上，与之相对的是联邦大厅，厅前矗立着伟岸的乔治·华盛顿青铜像。那是第一任美国总统就职地以及第一届国会召开地的纪念物。

这辆盖着篷布的马车在美国鉴定局门口停下，街对面就是世界上最有影响力的银行的总部。此时交通拥堵，但并不是什么巧合。"车夫非但没有将车驶离，反而踩着踏脚板下车溜走了。"坎内尔解释道。

马车静静地停了几分钟，拉车的马不停地蹭着缰绳，低头抬头，尾巴来回摆动驱赶苍蝇。街对面，J.P.摩根公司的合伙人们正聚在二楼的会议室里召开每日例会。正午的钟声从几个街区以西的三一教堂尖顶上传来。大批传信员、文书和经纪人在午餐时间涌到街上，没有人察觉到盖在马车上的粗麻布下面有隐约的滴答声。然后，毫无预警地，华尔街发生了爆炸。重达100磅的炸药把马匹和马车炸得粉碎。锯成两半的吊窗锤里装满了炸药，像锯齿状的子弹一样向行人扫射，造成30人死亡。（另有8人送医后不治身亡。）火焰的冲击波席卷了华尔街，数百名行人摔倒在地。浓烟消散后，人们发现，连12层楼的窗户都被震碎。马肉和人类肢体四散在血泊中。一名女子的头颅连带着帽子等饰物挂在一堵墙上。J. P.摩根公司负责黄金运输的银行家威廉·乔伊斯（William Joyce）被一块金属碎片击中，遇难身亡，瘫倒在办公桌前。大量被震碎的玻璃雨点般落在现场。惊慌失措的幸存者在华尔街上狂奔，将伤者踩在脚下。留下来帮忙的女人们撕破自己的内衣，用作绷带和止血带。盖着白布的尸体躺在乔治·华盛顿青铜像的脚边。经纪人痛哭流涕。几个小时内，这个全球最富有的十字路口看起来就像是纽约人从报刊上读到的那些在一战中被夷为平地的欧洲城市。

事实上，小 J. P.摩根当天正在欧洲旅行，并不在华尔街23号。虽然如此，仍然有30名警探立即被派去保护摩根在麦迪逊大街（Madison Avenue）上的住宅。行人甚至不允许从这栋建筑的门前经过。

其他人就没那么幸运了。当时华尔街上有很多中层职员，他们正把实物证券从证交所送往附近的银行。《纽约时报》报道称，爆炸发生后，"数百人躺在地上，有男有女，大部分人脸朝下俯卧。有的当场死亡，有的痛苦地扭动着身体，有的已经开始挣扎着爬起身。有人身受重伤，默不作声；有人因为痛苦和恐惧而尖叫；有人呻吟；有人哭喊着求救。一名受了重伤的年轻传信员忙着恳求别人照看他紧握在受伤手中的一小沓证券"。鉴定局大楼的时钟停在中午12:01。"似乎只在烟尘消散后的那一瞬间，所有人都站着没动，沉浸在茫然、困惑和恐惧之中。随后，窗户一扇接着一扇掉落，时不时还有大块石头落下，人们开始狂奔——盲目恐惧地狂奔。"很快，证交所关闭了当天的交易。

最终，没有人为此次爆炸负责。直到今天，那儿都没有死难者纪念碑，没有陈列馆，没有任何途径回忆当时发生的事，除了华尔街23号大理石外墙上那些几乎与视线齐平的、密密麻麻的凹坑——这座大厦如今已经空空荡荡，墙上的凹坑始终没有修补。

换句话说，人们对华尔街金融机器的愤怒十分常见。民粹主义者怨恨华尔街银行家并不是什么新鲜事。但是，无论是来自于匿名的无政府主义者，还是来自于桑德斯和沃伦参议员之流，针对银行大亨的民粹主义愤怒几乎都没有什么实际效果，只是让人们普遍地对华尔街的运作方式产生误解。华尔街是我们经济增长的引擎。它是新兴企业获得起步和发展资本的途径。它常常为企业提供资金，使它们有能力雇用员工并支付体面的薪水。它还帮助全球数十亿人过上了更好的生活。这台美妙的机器提供了上述所有资金，推动了经济发展，我们应该对它进行微调，而不是轰炸。具有讽刺意味的是，"大萧条"是美国历史上最具毁灭性的金融危机，但是恰恰在此期间，目光敏锐的富兰克林·德拉诺·罗斯福（Franklin Delano Roosevelt）[1] 总统强势推动华尔街积极变革，带来了近50年不受金融丑闻干扰的大繁荣。真希望今天也能有一位罗斯福那样的人来领导我们对金融系统进行明智的改革。

---

[1] 富兰克林·德拉诺·罗斯福（1882—1945），美国第32任总统。

第五章

我们能从大萧条中学到什么

导读

　　"大萧条"是 20 世纪人类历史上最大的金融、经济危机。如果没有大萧条，德、日两国传统政治家也许就还有办法控制局面，纳粹可能不会在德国上台，日本军阀或者没有动力发动"九一八事变"，欧洲和亚洲的国际关系会在国际联盟及美、日、英的协调下以和平的方式循序发展。

　　归根到底，一切政治问题都是经济问题。

　　大萧条刚开始时，胡佛总统的政府应对不力，形势急转直下。天佑美国，小罗斯福总统执政，以"罗斯福新政"扭转颓势。"罗斯福新政"的精髓在于，在市场自我调剂失效的危急时刻，政府积极干预经济生活，通过稳定金融、扩大需求，稳定乃至复兴经济。具体措施包括：

- 《紧急银行法案》，甄别哪些银行具备偿付能力，在接受美联储注资后可以恢复营业，而哪些银行不具备偿付能力，必须停业。
- 授予复兴金融公司更多权力，允许其投资银行债券和股票，以便对银行进行资产重组，增强其财务基础。

- 成立联邦存款保险公司，以保护个人储户的存款，以防出现挤兑恐慌。
- 《1933年证券法案》，规定公司在发售证券时必须向投资者披露重要的财务信息和其他信息，从此世间便有了招股书这回事。
- 《1933年银行法案》（即通常所说的《格拉斯-斯蒂格尔法案》），给华尔街一年的时间将商业银行业务与投资银行业务分离。
- 签署《1934年证券交易法案》，成立证券交易委员会对华尔街的方方面面进行监管，并要求上市公司提交季度财务报告供证交会核准。1934年的法案还对华尔街上的二级市场证券交易进行了规范。

  "罗斯福新政"实施的一系列对于金融、资本市场的监管措施，影响深远。时至今日，除了《格拉斯-斯蒂格尔法案》已经废除，其他法案都还继续有效。世界其他主要经济体对于资本市场的监管框架都借鉴了美国的范例，如中国的《商业银行法》、《证券法》等。

在美国金融史上，只出现过少数几次对抗力量不够强大、无法制止恐慌的情况，大萧条就是其中之一。1895年和1907年有J. P.摩根，1929年却没有。美联储也没有按照预想运行，事实上，它可能还加剧了危机。工厂纷纷倒闭。大约1/4的美国劳动力失业，另外还有很多人靠打零工勉强度日。数千家银行破产。全国上下无一幸免。大萧条的影响甚至在全球范围内都能感受到。最终，经济复苏花费了多年时间——直至美国正式加入第二次世界大战。

2002年11月，在诺贝尔经济学奖得主米尔顿·弗里德曼（Milton Friedman）[1]90岁生日之际，当时的联邦储备委员会理事、后又（在2008年金融危机之前、期间及之后）担任主席的本·伯南克（Ben Bernanke）[2]称，大萧条——或者弗里德曼及合作作者安娜·施瓦茨（Anna Schwartz）[3]所说的"大紧缩"（Great Contraction）——之所以会有如此深远的影响，是因为美联储在1929年时决定实行货币紧缩政策。加入美联储之前，伯南克曾是普林斯顿大学的经济学教授。在其学术生涯的大部分时光中，他一直致力于研究美联储在引发大萧

[1]米尔顿·弗里德曼（1912—2006），美国经济学家，以研究宏观经济学、微观经济学、经济史、统计学及主张自由放任资本主义而闻名，1976年取得诺贝尔经济学奖。

[2]本·伯南克，美国经济学家，2006—2014年任美国联邦储备委员会主席。

[3]安娜·施瓦茨（1915—2012），美国国家经济研究局经济学家。

条方面所起的作用。他决心不让相同的错误出现在自己的任期内。

在致敬弗里德曼的演说中，伯南克大力赞扬弗里德曼和施瓦茨对大萧条成因的开创性研究——这些研究被囊括在两位研究者1963年出版的著作《美国货币史》(*A Monetary History of the United States*)中。"在座各位都知道，在《美国货币史》中，弗里德曼和施瓦茨提出，1929—1933年的经济大崩溃是因为美国的货币机制出了问题。"伯南克说。他指出，在美联储成立之前，"挤兑通常由银行自己处理"，它们会像摩根那样采取紧急措施：或从根本上防止储户提取现金，直到有更为强大的银行接手，或想法向储户提供现金。伯南克称："有偿付能力的大型银行愿意出手应对恐慌，因为它们清楚，一旦恐慌失去控制，它们自己的存款最终也将受到威胁。"伯南克接着说，美联储的成立带来了一个意想不到的后果，即大银行不再将援救小银行视为自己的责任或利益所在，于是不再出手援助，进而导致恐慌蔓延。伯南克还指责1929年时的美联储官员，称他们不应以达尔文主义的观点看待金融界，认为淘汰弱小银行有利于整个金融系统。

在演讲的最后，伯南克向弗里德曼和施瓦茨致谢，并表示赞同他们的看法，即美联储确实对大萧条的加剧有责任，导致一次周期性的经济衰退演变成了一场史无前例的危机。

"关于大萧条,"他总结道,"你们说得没错,美联储的确有不可推卸的责任。我们非常抱歉。但是多亏了你们,我们不会再犯同样的错误。"

1933年,美国总统同与之齐心协力的国会联合,共同肩负起了使国家摆脱经济混乱的重任,这在美国历史上尚属首次。总统之所以这样做,部分原因是美联储的政策未能化解金融危机。(事实上,正如伯南克指出的,美联储加剧了危机。)财政政策必须要填补货币政策制造的空洞。(与之完全相反的情况出现在2008年,当时伯南克推行创新性货币政策,填补了TARP计划实施后因财政政策无效或缺失造成的巨大空洞。)于是,罗斯福重新定义了政府在美国民众生活中的职责。自由放任的时代结束了。在上任后的前100天内,罗斯福致力于恢复美国民众对各种机构的信心,尤其是对银行的信心。1936年,他在麦迪逊广场花园(Madison Square Garden)发表演说时指出,"咆哮的20年代"(Roaring Twenties)[1]留下了严重的后遗症。"抱着金牛犊笑傲全球的9年换来在灾难中煎熬的漫长3年!"他说,"股票行情机前疯狂的9年换来排队领取救济的漫长3年! 海市蜃楼的狂热9年换来绝望的漫长3年!"根据历史学家的翔实记录,罗斯福从

[1]指20世纪20年代北美地区经济持续繁荣的时期。

一开始就是一股强劲的龙卷风。

　　人们不太了解的是罗斯福对华尔街的猛烈抨击。他在1933年3月4日（周六）的第一次就职演说中就已经表明了自己的态度。所有人都记得罗斯福在演说中说，"这个伟大的国家从磨难中一路走来,今后她仍然能够经受住考验,重新崛起,兴旺发达"，"我们唯一需要恐惧的是恐惧本身——莫名其妙、丧失理智、毫无根据的恐惧会使我们为摆脱衰退、实现增长所做的努力化为泡影"。但是紧接着,他开始痛斥银行家,指责他们出于贪婪引发了危机。"不择手段的货币投机商做出了种种寡廉鲜耻的行径,他们将受到舆论法庭的指控,成为人类良知和理智的唾弃对象,"他说,"他们的确做过努力,但是他们的努力始终局限于陈规旧俗。面对信用危机,他们的提议仅仅是提供更多贷款。由于无法再用金钱引诱人民听从他们的错误指挥,他们只得可怜兮兮地劝说,眼泪汪汪地祈求人民重新给予他们信心。他们只知道利己主义者的处世规则。他们没有远见,人民跟随这些鼠目寸光的人只会遭殃。如今,货币投机商已从我们文明殿堂的宝座上落荒而逃。我们要以亘古不变的真理重建这座殿堂。至于能够重建到什么程度,取决于我们如何运用比单纯的金钱利益更崇高的社会价值。"他敦促美国民众追求更简单、更高尚的价值观。"幸福并不仅仅来自于对金钱的占有,"他继续说道,"幸福还来自于取得成就后的喜悦，来自于从事创造性工作时的激情。务必不能忘记劳动带给我们的愉悦和精神享受，而不是一味疯狂地追逐转瞬即逝的利润。如果这些暗淡的时日能让我们认识到，我们真正的天命不是要别人侍奉，而是为自己服务、为同胞奉献，那么我们付出的一切代价就都是值得的。"

罗斯福承诺会改革华尔街，以防"旧秩序的种种弊端卷土重来"。他还表示"必须严格监管一切银行业务、信贷和投资"，"必须杜绝利用他人钱财进行投机的现象"。但后一个问题至今仍未解决。

发表就职演说后不到一个星期，罗斯福就向国会提交了《紧急银行法案》，国会当天便予以通过。新法案的目的是让银行监管机构判断哪些银行具备偿付能力，在接受美联储注资后可以恢复营业，而哪些银行不具备偿付能力，必须停业。与伯南克在2008年金融危机爆发后推行所谓的量化宽松政策类似，美联储通过向陷入困境的银行购买资产，为它们注入资金。对于银行持有的国债，美联储全价买入；对于其他资产，如铁路公司和零售商的债券，美联储折价买入。通过这种方式，美联储为具有偿付能力的银行提供了急需的资金，帮助它们满足储户的要求。国家和州立银行只有在获得财政部的许可后才能恢复营业。此外，罗斯福还授予复兴金融公司（Reconstruction Finance Corporation，从某种意义上来说它是TARP计划的前身）更多权力，允许其投资银行债券和股票，以便对银行进行资产重组，增强它们的财务基础。《纽约时报》称罗斯福的所作所为是联邦政府在和平时期采取的"最激进"的举措。

为了解释自己的行为，罗斯福开始通过无线电广播发表讲话。他进行了多次"炉边谈话"（fireside chats），并因此获得了巨大声望。在3月12日的第一次炉边谈话中，罗斯福总统解释了他打算如何恢复人们对银行系统的信心——他指出，这种信心必须源自美国人民自身。他对银行系统及其固有风险理解得十分透彻。当时许多银行破产倒闭，数百万美国民众的银行存款遭受损失。毫无疑问，他们都很困惑，为什么自己的存款会变没或者无法支取，又是谁导致了他们的存款受损。罗斯福要做的就是让民众理解一个复杂的问题——银行是如何运作的以及它们为何重要。这是一个艰难的任务，但他完成得非常出色。

罗斯福是如此说的：

首先，我要指出一个简单的事实，你们把钱存入银行后，银行并不是把钱锁进保险库里了事，而是用来通过各种不同的信贷方式进行投资，如购买债券和商业票据、发放住房抵押贷款以及其他许多形式的贷款。换言之，银行让你们的钱发挥作用，使整个工业和农业运转起来。你们存入银行的钱中只有一小部分以流通货币的形式保存——在正常情况下，这笔资金完全能够满足普通公民的现金需求。换句话说，国家的流通货币总量只占所有银行全部存款的一小部分。

但是，如果所有人都想在同一时间把钱取出来，麻烦就来了。如果银行试图通过出售部分长期资产来满足超乎寻常的现金需求，这些资产的价格就会下跌，进而导致恐慌加剧。罗斯福指出，对于银行系统来说，这就是古老神话中所说的"阿喀琉斯之踵"（Achilles' heel）[1]。银行系统的运作机制是用短期资金（储户存款）投资长期资产（贷款）。只要不出现所有人同时想要提取存款的情况，一切就都运转良好。1932年和1933年，所有人都想立刻取出自己的存款，问题就出在这里，全美国大约有一半银行因此破产。2008年，长期资产仍然依靠短期融资，同样的情况再次发生，但是有一个显著的变化：这一次，挑起银行挤兑的是机构而非个人。机构不顾一切地想要把钱从它们认为不具备偿付能力的银行中撤走，而这自然又加速了银行的倒闭。恶性循环再一次出现。[具有

---

[1]阿喀琉斯是希腊神话《伊利亚特》中的主要人物之一，传说他除了脚踵之外全身刀枪不入，最后因被暗箭射中脚踵，不治身亡。后人用"阿基琉斯之踵"指代致命弱点。

讽刺意味的是，2008年时个人储户远远没有1933年时那么恐慌，因为罗斯福在1933年成立了联邦存款保险公司（FDIC）。我们在之前的章节中提到，如今FDIC对个人储户在每个参保银行账户中的存款最高保险额度为25万美元。]

在3月12日的炉边谈话中，罗斯福解释了为什么到3月3日，也就是他就职的前一天，"美国几乎所有银行都关门歇业"。第二天，即3月13日周一，他宣布，经财政部认定，12个联邦储备银行所在城市的各家银行状况良好，准许重新开业。周二，又有250个城市的银行获批恢复营业。他缓慢而坚定地说，所有健康的银行都将获得批准重新开业，同时，如果合适的话，赫伯特·胡佛（Herbert Hoover）[1]于1932年成立的复兴金融公司将运用手中增加的权力对有问题的银行进行资产重组。罗斯福称，大多数人的钱都会回来。恐慌没有理由持续。他警告囤积者不要再囤积，因为"恐惧的阴影将很快踪迹全无"，他保证，把钱存在重新开业的银行里，要比藏在床垫底下更加安全。

接着，他又一次阐述了问题，再次强调美国人民对银行系统恢复信心的重要性，指出联邦政府已经为重建信心采取了非同寻常的措施。"我们的银行形势很糟糕。"罗斯福说道。

---

[1]赫伯特·胡佛（1874—1964），1929—1933年任美国第31任总统。

我们的有些银行在管理大家的存款时表现得不称职或者不诚实。储户把钱委托给它们，而它们却用这些钱进行投机和草率地放贷。当然，绝大多数银行并没有这么做，但确实有不少银行卷入其中，数量之多，足以吓得人们在一时之间产生了不安全感，并且让人们形成了一种思维定式，不加区分地认为所有银行都是天下乌鸦一般黑。联邦政府的工作就是要拨乱反正，而且要越快越好。这项工作正在进行之中。

重建信心是关键。"在对我们的金融系统进行重新调整的过程中，有一个因素比货币和黄金更为重要，那就是民众的信心，"罗斯福总统总结道，"信心和勇气是保证我们的计划成功实施的必备条件。大家一定要坚定信念，不要被各种流言蜚语和胡乱猜测吓倒。让我们团结起来消除恐慌。我们已经建立了恢复金融系统的机制，而支持这种机制并让它发挥作用就是大家的责任了。我的朋友们，我所面临的问题绝不是我一个人的问题，也是大家共同面临的问题。携起手来，我们定能成功。"如果今天能有一位与罗斯福地位相当的人定期同美国民众开诚布公地聊一聊经济是如何运行的，向民众揭开华尔街的神秘面纱，而不是像美联储理事和经济学大拿那样满嘴晦涩的专业术语，那该是多么令人振奋的事！

罗斯福非比寻常的策略奏效了。3月13日，联邦储备银行所在城市的许多银行恢复营业。10天后，全美国大约80%的银行开门营业。当然，罗斯福才刚刚起步。4月19日，美国正式取消金本位制度。5月27日，罗斯福签署《1933年证券法案》，规定公司在发售证券时必须向投资者披露重要的财务信息和其他信息（于是便有了苹果公司的IPO说明书）。任何虚假陈述都是违法行为。6月16日，罗斯福又签署了《1933年银行法案》（即通常所说的《格拉斯-斯蒂格尔法案》），给华尔街一年的时间将商业银行业务与投资银行业务分离。该法案只有短短37页，它基于的是这样一个观点：在大萧条之前的多年中，商业银行（我们从前面的章节中了解到，商业银行是吸收储户存款再转手把钱借贷出去的机构）用储户的钱冒了太多风险，插手了太多业务。一年后，罗斯福签署《1934年证券交易法案》，成立证券交易委员会对华尔街的方方面面进行监管，并要求上市公司提交季度财务报告供证交会核准。1934年的法案还对华尔街上的二级市场证券交易进行了规范。

对于华尔街来说，这是一场空前绝后的监管盛会。但是，在如此严重的金融灾难之下，几乎没有人质疑重拳改革的必要性。

华尔街被永久改变了。令今天的我们难以相信的是，《1933年银行法案》中迫使商业银行业务与投资银行业务分离的条款并未引起很大争议。当时，这似乎是一个显而易见的解决方案。人们普遍认为，商业银行不应该用客户辛苦挣得的存款投资高风险股票、购买不相干行业企业的股权或者参与债券和股票的承销。对于大多数银行来说，在投资银行业务和商业银行业务之前做出选择并不困难。高盛、雷曼兄弟、基德尔·皮博迪（Kidder Peabody）、拉扎德等继续从事投资银行业务。而其他银行则选择拆分。例如，J. P. 摩根公司一分为二，成立了J. P. 摩根公司和摩根士丹利。前者是商业银行，后者是投资银行。

在当时，将投资银行业务与商业银行业务分离就像是把蛋黄与蛋清分开；而在今天，这样做无异于把炒鸡蛋还原成生鸡蛋。

很显然，这是一个难以解决的问题，但是，那些本应深知这一点的政客仍然试图解决它。他们认为，在20世纪30年代奏效的措施在今天也能奏效。他们大错特错了。20世纪30年代时，华尔街上都是一些资本不足的私人公司，而今天，华尔街已经拥有了主宰全球金融的无上力量。

伊丽莎白·沃伦参议员在华盛顿带头提议让华尔街重回往昔岁月。她主张拆分大银行——任何资产超过500亿美元的银行都是她的目标。2013年，她联合约翰·麦凯恩（John McCain）、马丽亚·坎特韦尔（Maria Cantwell）和安格斯·金恩（Angus King）等组成两党参议员团体，提出了一项提案，她将之称为"21世纪《格拉斯-斯蒂格尔法案》"，以此致敬80年前获批通过的《格拉斯-斯蒂格尔法案》。她说，策划这一提案是为了让金融系统更加安全。但事实上，这是不可能的。

沃伦参议员在提案中写道，这样做的目的是"限制银行参与除具有社会价值的核心银行业务以外的活动，从而降低金融系统的风险"，同时"不允许政府对核心银行业务以外的高风险活动进行显性或隐性担保，从而保护纳税人，减少道德风险"。沃伦参议员的提案在第113届国会上未获通过，理由是，这是一个糟糕的主意。于是，她和麦凯恩参议员在2015年6月再次提出该提案。"商业银行与投资银行之间的高墙被推倒后，一种危险贪婪、过度冒险的文化深深根植在了银行界，"麦凯恩参议员在一份声明中解释为什么他认为应该重新筑起这道高墙，"华尔街大机构应该享有从事高风险交易的自由，但它们不应拿有联邦政府担保的存款去冒险。"（唐纳德·特朗普在竞选总统期间也曾表示要实施新版《格拉斯-斯蒂格尔法案》，但是就职以后他似乎并没有将之列为立法的优先事项之一。）

虽然不得要领的政客们没完没了地夸夸其谈，但是，商业银行涉足投资银行业务、投资银行涉足商业银行业务的情况与2008年金融危机的成因几乎毫无关系。实际上，在金融危机爆发之前的数年内，问题最为严重的恰恰是通常意义上的纯投资银行，如贝尔斯登、雷曼兄弟、美林（Merrill Lynch）[1]和摩根士丹利。由于华尔街肆意任性的激励制度，这些投资银行毫无节制地打造和销售住房抵押贷款支持证券，它们的资产负债表上累积了数十亿美元的住房抵押贷款支持证券。当银行的短期贷款人不愿意再把此类资产作为隔夜贷款的抵押品，投资银行便无法维系日常运营，于是它们举起了投降的白旗。我们都还记得，摩根大通拯救了贝尔斯登，美国银行拯救了美林。

如果《格拉斯-斯蒂格尔法案》重新实施，摩根大通对贝尔斯登的援救以及美国银行对美林的援救都会被禁止。试想一下，雷曼兄弟、贝尔斯登和美林同时破产会是怎样一番光景！可以肯定的是，在沃伦参议员的理想世界中，摩根士丹利和高盛也会申请破产，因为是美联储向这两家银行伸出援手，在2008年9月下旬批准它们转型为银行控股公司，进而从根本上拯救了它们。转型使得两家银行有机会享受美联储的短期融资，这是一个巨大的好处，因为当时市场上其他形式的短期融资都在不断枯竭。（美联储批准摩根士丹利和高盛转型为银行控股公司之后，两家公司很快就获得了救命的股

---

[1] 成立于1914年，世界著名证券零售商和投资银行之一，总部位于美国纽约，2008年被美国银行收购。

权投资：高盛接受了沃伦·巴菲特和公开市场的投资，摩根士丹利接受了一家大型日本银行的投资。）

如果让华尔街上的大部分公司都停业清算，美国金融势必一片大乱，沃伦参议员也许能从中得到政治上的好处——否则她为何要对此极力鼓吹呢？同时，这也可能造成金融系统停摆，使美国经济和美国民众陷入灾难。这究竟是会像沃伦参议员所说的那样降低风险，还是会加深绝望，导致所有人都采取不理智行为，进而使风险大大增加？答案显而易见。除了上述事实之外，还有其他一些同样重要的理由能够说明实施新版《格拉斯-斯蒂格尔法案》毫无意义，它试图解决的只是一个根本不存在的问题。拆分大银行将是一件异常困难、耗时费钱的事。多年以来，在各种金融产品的作用下，华尔街的方方面面结合得越来越紧。当然，要打破银行与金融产品之间的联结并非不可能，但是这要付出巨大的代价，耗费多年时间。沃伦的提案对于收费昂贵的律师、会计师和咨询师来说是个福音，但对其他人来说则没有什么好处。再者，这样做的目的到底是什么？

拆分大银行还将摧毁华尔街在全球金融界的领先地位——这可不是小事（尽管这也许正是沃伦参议员希望的）。长久以来，华尔街一直是全球各国政府的羡慕对象，因为它有能力帮助企业融资、为企业提供并购咨询、协助企业管理财富。不仅如此，华尔街还是一台促进就业和创造财富的机器，保证每年有数十亿人和企业上缴数万亿美元的税款。年复一年，华尔街银行一直在融资和企业咨询方面保持世界领先地位，创造了数十亿美元的税收。这方面欧洲银行和中国银行始终望尘莫及。如果沃伦的提案获批，美国的一大领先行业将被摧毁，企业将处于竞争劣势，更别提华尔街大解体后美国将损失大量税收收入。国会有什么理由要通过这样一项提案呢？这样做只会引起一场暴力革命。如果俄罗斯人利用电脑病毒破坏了华尔街的基础系统，我们会认为这是一种战争行为。那么，我们自己为什么要实施一项具有同等破坏力的国会提案呢？

另外一个事实是，华尔街的客户希望华尔街提供尽可能多的产品，并对每一种产品都进行流畅的、世界一流水平的操作。这是他们选择向华尔街银行而非德国或中国银行寻求帮助的首要原因。这种所谓的"一站式"运营模式意味着，客户只要选择一家或少数几家他们信任的、有着数十年合作关系的公司，就能够得到自己需要的资金和咨询服务。客户可以确信，自己选择的公司会以机密、可靠的方式提供他们所需的服务。美国电话电报公司（AT＆T）对时代华纳（Time Warner）850亿美元的收购案就是一个非常好的例子。为了完成拟定的交易，两家公司选择了华尔街公司为它们提供融资和咨询服务。它们能够从所雇的华尔街银行那里得到自己需要的一切。它们完全可以随心所欲地挑选世界上任何一家银行帮助它们完成交易，然而它们选择了华尔街银行，而且只选择了华尔街银行。年复一年，华尔街银行在各种全球金融排行榜上名列前茅，这是有原因的。虽然华尔街也会犯错（毫无疑问，近年来错误太多了），但它仍然是金融行业的金字招牌。美国在全球金融界占据主导地位，这是耗费数百年才得以确立的地位，客户看重的往往也正是这一点。为什么要为了证明某个政治观点而摧毁美国的主导地位呢？这样做毫无意义。重申一次，2008年金融危机的爆发绝对不是因为商业银行业务与投资银行业务没有分离。那么，在两者之间竖起高墙又怎么会是正确的解决之道？

尽管恢复《格拉斯-斯蒂格尔法案》是个愚蠢的主意，但是沃伦参议员有一点说得没错：华尔街确实需要进行明智的改革。问题是如何改革。在回答这个问题之前，让我先岔开话题，简单介绍一下华尔街为什么能够将自己的问题传递给其他人并造成如此灾难性的后果。

第六章

上市的问题

导读

本章讲述了由 DLJ（Donaldson, Lufkin
& Jenrette）[1] 在20世纪70年代开启的华尔
街投资银行上市狂潮。在此之前150多年中，
华尔街上的投行、公司一直都小心翼翼地
使用合伙人的资金运营公司业务。DLJ 成功
上市，公众股东替代合伙人成为出资者，一
方面扩大了公司的资本基础，可以做更大
规模的项目，更全面地服务客户，另一方面，
长久以来谨慎的合伙制文化被奖金文化（银
行家、交易员和管理者都要求从自己过去
一年负责的项目产生的收益中获得奖金）所
替代，华尔街的激励机制发生彻底改变。
具体说，上市后，投资银行的所有者主要
是股东，高管主要是雇员。如果通过当年
完成的业务量取得的奖金构成高管的当年
主要收入，则高管有动机承担较高的风险，
于当年完成较高业绩，而不顾这些有风险
的业务是否会在以后年份损害公司的利益。

---

[1] 由威廉·H.唐纳森、理查德·杰瑞特和丹·卢弗
 金于1959年在美国纽约共同创建的投资银行，
 2000年被瑞士信贷第一波士顿银行收购。

我们常常看到每年奖金发放完毕后，各大投行的高管们就纷纷跳槽。要缓解这种短期倾向和行为，各大投行已经开始提高股权在高管收入中的比例，并分几年颁发当年宣布的奖金，以保证业务风险在以后年份不会损害公司的利益。

时至今日，美国大部分投资银行都已经是上市公司。在中国，中金公司2015年在香港联合交易所挂牌。中国主要投资银行，包括中金公司、中信证券、海通证券等，也都已经完成上市。

市场和客户规模日益扩大，作为资本市场中介机构的投资银行，为了全面服务客户，其资本实力最终只能通过上市得以加强。而公司治理中的终极问题，即决定如何使用资本的上市公司高管，未必时时事事维护股东利益，则是所有上市公司的共同问题，并非只对上市投资银行适用。

1969 年 5 月 22 日下午，研究型投资银行、经纪公司
DLJ 的创始人之一、36 岁的丹·卢弗金（Dan Lufkin）带着两
个小时前刚刚递交给证交会的文件复本，来到百老汇大街和
华尔街的交汇处，走进庄严气派的纽约证交所（如今纽约证
交所依然伫立在那儿），生平第一次参加证交所理事会会议。
这是 DLJ 转型为上市公司的第一步。此前，DLJ 是一家拥有
10 年历史的私人合伙制公司，股份由公司合伙人及其朋友持
有；上市之后，任何人只要愿意都可以买卖 DLJ 的股票。此外，
与合伙人投资相比，上市使得 DLJ 拥有更多机会以更低的成
本获得急需的资金。

DLJ 公司在 IPO 说明书的封面上写着：本公司"是纽约证
交所第一家公开发行股票的会员公司"。DLJ 决定向公众出售
一部分股份，以期筹得 2400 万美元的资金。这一决定直接挑
战了纽约证交所一条实施了近 200 年的规定。根据该规定，
会员公司不得向公众发售股票，因为任何人要成为会员公司
的股东都必须得到证交所的批准。显然，DLJ 上市后，证交
所不可能再批准或否决谁成为其股东，因为上市公司的股票
几乎时时刻刻都在被人买进卖出。

华尔街将被彻底改变，但不一定变得更好。

对于三位冲劲十足的 DLJ 创始人来说，这是一件好事，
他们渴望挑战华尔街的现状以及华尔街证券公司必须遵守的

所有条条框框。自从三位创始人在哈佛商学院相遇，并决定用大约50万美元的资金共同创办一家经纪公司，就一直希望吸引公众投资者，从而获得永久性资本。正如卢弗金随身携带的文件所证实的，DLJ是一家规模很小但盈利能力很强的公司。1969年其营业收入为3040万美元，税前利润1400万美元，利润率达46%，这样的业绩令竞争对手眼红不已。三位合伙人都很清楚，要想继续发展、抓住眼前数不胜数的商机，他们需要更多资本。［例如，DLJ刚刚收购了民意调查机构路易斯·哈里斯合伙公司（Louis Harris and Associates）的8万股股票。］他们一直想要上市，现在机会来了，主要原因是卢弗金对纽约证交所失去了耐心，因为证交所已经耗费多年时间研究这一问题，却没有任何进展。

卢弗金知道，上市不符合纽约证交所的规定，DLJ有可能被踢出证交所，这无疑会大大损害公司未来的盈利能力。DLJ希望理事会能从它的角度看待这件事，允许它在上市的同时保留证交所会员的地位，尤其是考虑到另一场危机正日益加剧，逐渐暴露出华尔街资本不足的情况有多严重。这里说的危机指的是所谓的"后勤危机"（back-office crisis），当时许多经纪公司因为来不及处理文件而倒闭。"然而，"该公司在IPO说明书中写道，"DLJ抓住机会实现持续发展的能力是一个更为重要的考量。增加的资本能够立即得到高效利用，对保持和提高公司竞争力起到至关重要的作用。"为了给DLJ的IPO铺平道路，卢弗金在理事会会议的前一天晚上，约了自己的密友、纽约证交所理事会主席伯尼·拉斯克（Bunny Lasker）共进晚餐，地点在拉斯克位于公园大街（Park Avenue）的公寓中。卢弗金向拉斯克透露了DLJ的IPO计划，在那之前这个计划一直被严格保密。

"你疯了。"拉斯克对他说。

"我希望我没疯，"卢弗金答道，"伯尼，这件事我们已经研究了5年，却什么也没做，一切都还照旧。但是，现在是时候做点什么了。"

拉斯克回答说："我没法给你支持。如果明天的会议上讨论到这件事，我只能说：'我们很荣幸请到丹·卢弗金对此进行解释。'我能做的只有这么多了。"

第二天，紧张不安的卢弗金将IPO文件分发给参会的各位理事。不出所料，理事们询问卢弗金究竟是什么让他和他的合伙人做出了如此鲁莽的决定。他解释说，DLJ需要持久的资金来源，这样才能实现增长，开展收购活动，从想要离开的合伙人手中赎回股份并吸引新的合伙人。非常有道理，但却绝对离经叛道。

尽管对DLJ的做法感到震惊，但纽约证交所的领导人别无选择，只得遵照证交所的制度修改章程。他们其实都深知，要想继续资助美国的优秀企业发展壮大，华尔街需要更多资本。而最简单、最廉价的方式就是让华尔街向公众筹资，就像华尔街的企业客户100多年来一直做的那样。DLJ向证交会递交IPO说明书后不久，卢弗金便提议修改证交所章程，以允许会员公司像所有其他公司那样挂牌上市。当然，其他公司是在华尔街的帮助下上市的。DLJ试图为自己做的正是近两个世纪来华尔街为其他美国企业做的：帮助企业从掌握资本且有投资意愿的人手中筹得所需的资金，实现企业发展。DLJ谋求上市也出于同样的原因：DLJ需要比私人资本数额更大、成本更低的资金，以发展业务、扩充人员、开拓新的业务领域。

1970年4月20日，距离向证交会提交IPO说明书已有将近一年时间，DLJ终于获批上市，向公众募集了1200万美元。自那以后，华尔街的运作方式被彻底改变了。"上市使华尔街发生了永久改变，"理查德·杰瑞特（Richard Jenrette，DLJ中的"J"）对《纽约时报》说，"如果华尔街仍然保持私人合伙模式，它就会变成一个俱乐部，并且因为资金严重不足而早早被人收购。除了让（商业）银行收购华尔街之外，我们别无他法。"——而这无疑又是违反《格拉斯-斯蒂格尔法案》的做法。事实是，上市对于DLJ以及其他许多追随DLJ上市的华尔街公司来说都有着重大意义，几乎每一家公司都受益匪浅。

　　问题是，我们至今依然需要应对DLJ上市带来的意想不到的后果。1970年时，当然很少会有人关注华尔街上一家小型私人合伙制公司意欲如何改变整个金融系统。实际上，DLJ上市的重要性仍然没有得到充分认识，但是它确实是一件具有开创意义的事。

　　150多年来，华尔街上的公司一直小心翼翼地使用合伙人的资金冒险（有时也会出现差错），维持公司运营。合伙人十分清楚，一次错误就有可能导致公司破产，威胁到他们多年来积累下来的个人财富。然而，DLJ的举动势必会改变整个华尔街的运营模式。如果DLJ成功上市，公众将替代合伙人成为出资者，为公司的经营错误承担法定责任的也将由合伙人转变为公众。对于华尔街以及所有依靠华尔街筹集资金、为股票和债券交易提供流动性、管理并增加个人财富的人来说，很难说这意味着什么。虽然DLJ的合伙人不可能预见到公司上市在后续将近50年的时间内造成的所有影响，但有一件事他们一定心里有数：随着长久以来的合伙制文化（公司的每一位合伙人都齐心协力，确保只谨慎地冒险，以便公司每年都有盈利分配给他们）被奖金文化（银行家、交易员和管理者都要求按照自己在各种产品组合中创造的收益获得报酬）所替代，华尔街必定会发生彻底改变。

　　1970年以来，一家又一家华尔街公司继DLJ之后公开上市，华尔街的银行家、交易员和管理者的行为清楚地证明，无论是华尔街还是全球经济的许多方面都不会不受影响。人其实很简单：什么事情有利可图，他们就会做什么。DLJ的IPO令银行家和交易员得以用别人的钱冒巨大的风险并因此获得报酬，但当问题出现时，他们所需承担的财务责任却非常小，而问题的发生频率和严重程度实际上都远远超过人们所愿意承认的。DLJ上市之前，公司合伙人犯的错对他们个人来说可能是毁灭性的，即使没有导致公司破产，也会制造一次又一次生存危机。

DLJ上市之后，风险情况就大不相同了。公司可以通过债券和股票融资，获取资金比过去容易多了，而且这些资金大多来自于外部投资者。在这种情况下，公司的原始合伙人往往变得十分富有，他们几乎不会再把自己的资金留在公司冒险。从本质上来说，这种做法相当于"用庄家的钱赌博"[1]并从中获利。正因为此，很多华尔街批评家将华尔街称为赌场——在赌场上，庄家总是稳赚不赔。过去数百年来，华尔街始终严格遵守一种鼓励谨慎冒险、重视长期盈利能力的奖励机制，目的是防止冒险过度、短期贪欲滋生。然而，DLJ的上市永久改变了这一机制。

---

[1]指赌徒在赌场赢钱后，用赢得的钱继续赌博，由于钱来得太容易，他往往会加大赌注、肆意冒险。

DLJ上市所带来的意想不到的后果最终将是毁灭性的。1970年10月，威登公司（Weeden & Co）继DLJ之后上市。闸门随之被打开。1970年12月，一家名为普莱斯曼-弗罗利希-弗罗斯特（Pressman, Frohlich & Frost）的小公司通过与另一家已经上市的金融公司合并实现上市。普莱斯曼-弗罗利希-弗罗斯特的董事长斯坦顿·普莱斯曼（Stanton Pressman）告诉《纽约时报》，他们正在迅速改变时代。"如果没有大量公共资本，"他说，"我想证交所的会员公司将很难拥有竞争优势。在这个行当，小杂货店是无法成功的。你必须有能力去做更多事。"

普莱斯曼说得没错（尽管他的公司早已破产）。1971年4月，华尔街最大的经纪公司美林宣布了1.2亿美元的IPO计划。《纽约时报》将之称为"里程碑"，指出此举将为华尔街其他公司的上市"设立标准"。这则新闻登上了当天《纽约时报》的头版头条。1971年9月，美国第二大经纪公司贝奇公司（Bache & Co.）也宣布了IPO计划。贝奇公司之所以这么做，部分原因是它希望能够更好地与美林抗衡。此前，美林已经通过IPO成功增资近50%。突然之间，其他私人合伙制公司发现自己处于明显的竞争劣势，因为它们不得不与资金更为充足的同行展开竞争。近200年来，美国金融领域大多是一些资金不足的小型私人合伙制公司，而此刻，一批规模更大、实力更强、能够轻松获得廉价资本的上市公司正快速涌现。
余下的私人公司面临着一个生存问题：是与公开上市的同行
一较高下，还是继续保持小而专注的状态。

然而，选择其实非常少。对于那些想要在证券承销或交
易业务上与上市公司竞争的私人合伙制公司来说，情况尤其
如此，因为这些业务需要大量资金。1981年，大型债券交易
商所罗门兄弟公司（Salomon Brothers）与公开上市的大宗
商品交易商菲利普兄弟公司（Phibro Corporation）合并，最
终成立所罗门公司（Salomon Inc.），实现上市。同样在1981
年，美国运通收购了希尔森-勒布-罗德斯（Shearson Loeb
Rhoades）经纪公司，保德信保险公司（Prudential Insurance）
收购了贝奇公司。1984年，美国运通又将雷曼兄弟收归旗下。
1985年，贝尔斯登上市。1986年，摩根士丹利上市。1994年，
美国运通公司通过公开募股，剥离了由雷曼与希尔森合并而
成的公司。高盛作为华尔街上最赚钱、最令人眼红的公司，
多年来其内部一直对上市争论不休，整件事开始有了一丝莎
士比亚戏剧的意味。1999年5月，高盛终于决定上市，那些
还留在高盛的幸运合伙人因此而变得极为富有。甚至连拉扎
德这家向来以出其不意、特立独行和高度私密为荣的公司也
在2006年5月上市。近200年来主导和决定着华尔街行为方
式的合伙制文化走向了尽头。华尔街与往昔全然不同了，从

这一点上来说,华尔街本应服务的美国经济也发生了巨大变化。

这一切需要耗费10年左右的时间,到20世纪80年代晚期,华尔街已经从一系列规模小、资金少的私人合伙制公司彻底转变为一批快速扩张的上市公司。在合伙制下,合伙人为公司提供稀缺且急需的资金,他们每天都面临着资产受损的风险。而当合伙制公司转变为上市公司后,资金成本降低了,资金量也充足了,但资金提供者(股东和债权人)与公司经营者及员工却毫不相干。资本、风险以及责任之间的基本关联已被切断,再也无法恢复——或者说至今仍未恢复。结果,华尔街的**文化**被永久改变了。此前,华尔街就像是一个个紧密排列的小型培养皿,其中既有贪欲也有谨慎:公司倡导谨慎冒险的作风,希望每年都有足够的盈利分配给合伙人。此后,华尔街盛行一股达尔文式的自由竞争之风:银行家、交易员和管理者为了得到奖金而用别人的钱肆意冒险,他们希望向部门主管证明自己应该——其实是必须——获得数百万美元的年终奖。很快,华尔街的激励机制(用奖励促使人们工作的制度)发生了变化。此前,华尔街注重共同利益,合伙人每天都有可能失去自己为之奋斗的一切。此后,尽管公司极力粉饰,但员工的年终奖主要取决于他在前一年创造了多少收益。计算方法相当简单:那些创造了最多收益的银行家、交易员和管理者得到的奖金最高,他们的奖金额往往会泄漏出去，让所有人都知道；那些没有创造收益的员工只能得到很少的奖金或被解雇。华尔街的新文化鼓励人们孤注一掷，为了获得高额年终奖而拿别人的钱冒巨大的风险。意思非常明确：要么为公司创造利润，要么滚蛋。我们都清楚这一切造成了什么后果。

如果要说情况是从何时开始变得如此糟糕的，毫无疑问，就是从投资银行上市那一刻开始的。

第七章

创　新

导读

　　资本充足和技术进步催生金融创新，本章讲述了资产证券化、垃圾债券和信用违约掉期三个金融创新的例子。

　　1977年，所罗门兄弟公司推出住房抵押贷款证券化产品：把商业银行流动性较差但具有未来现金收入流的住房抵押贷款打包重组为抵押贷款资产包，由投资银行以现金方式购入，经过担保或信用增级后以证券的形式出售给投资者。这一过程将原先不易被出售给投资者的缺乏流动性但能够产生可预见性现金流入的资产，转换成可以在市场上流动的证券。这一产品大大改善了商业银行的流动性，也为投资银行赚取了丰厚的费用。各大投行纷纷参与此类交易。然而人类并非全知全能，金融界尤其傲慢，一旦宏观形势发生本质变化，则再大的资产池也可能同时全面下跌。2008年的次贷危机就是这样发生的。美国房价长期攀升，美国的商业银行向大量资信评级不高的借款人授予了大量的次级抵押贷款，同时又将这些次级抵押贷款证券化，打包出售给投资机构。只要房价继续上升，借款人就能继续还款，整个资本游戏就能继续。然而2008年开始，全美国房价长期、普遍下跌，住房抵押贷款大规模违约，造成包括贝尔斯登、雷曼等顶级金融机构的倒闭。

"垃圾债券"之父迈克尔·米尔肯（Michael Milken）发现了这样一个规律：信用评级达不到AAA投资级评级的公司，发债时需要付出较高的利息。投资人通过投资组合的形式投资这类债券，既可以收到较高利息，又可以降低被违约的风险。米尔肯通过发行垃圾债券，帮助客户完成一系列划时代的并购交易。不幸的是，米尔肯在执行这些交易过程中，多次违反证券法，终于在1990年被禁止再从事证券业务。

摩根大通银行在1994年推出了信用违约掉期（credit default swap，简称CDS）这一创新产品：债权人借出一笔贷款后，通过CDS合约将债务风险出售，合约价格就是保费。购买信用违约保险的一方被称为买方，承担风险的一方被称为卖方，双方约定如果金融资产没有出现合同定义的违约事件（如金融资产的债务方破产清偿、债务方无法按期支付利息、债务方违规招致的债权方要求召回债务本金和要求提前还款、债务重组等），则买家向卖家定期支付"险费"，而一旦发生违约，则卖方承担买方的资产损失。这本是债权人控制信贷风险的利器，然而如同许多其他金融衍生品一样，其最终成为高风险投资的标的。在2008年金融危机前，大量CDS交易并没有实际的底层贷款业务作为支持，纯粹是交易双方的投机游戏，信贷系统一旦出现系统性风险，巨大的CDS交易池立刻土崩瓦解。

也许应该这样说：创新是必要的，监管也需要时刻关注创新，动态调整政策。

读者还应当了解，上市对华尔街的影响也体现在其他一些方面。得益于资本可获得性的提高和资本成本的降低，一大批令人难以置信的金融产品几乎在同一时期横空出世，成为华尔街新的收入来源，为华尔街创造了巨大收益。一个多世纪以来，华尔街上几乎没有任何创新。所有公司都用有限的资金做着基本相同的事：为企业客户以及各州、市、联邦和海外政府承销债券和股票，或者提供公司收购和出售方面的咨询。有些华尔街公司还为人们管理财产，帮助他们增加财富。

20世纪60年代晚期，华尔街经历了后勤危机，拉扎德银行的高级合伙人菲利克斯·罗哈廷（Felix Rohatyn）将危机及其前后的岁月称为"黑暗时代"。然而，在20世纪70年代晚期至80年代初期，原本沉闷的华尔街突然不再那么沉闷了。它冲破了"黑暗时代"，"动物精神"[1]再次盛行。从某种程度上来说，这些创新性产品可以追根溯源至薪酬制度的改变。由于华尔街突然有能力向员工支付高薪，全球各地最优秀、最聪明的人才开始涌向那里。华尔街曾经是一个庇护所，为找不到更好工作的家族成员或意外踏入金融圈的人提供容身

---

[1]"动物精神"一词出自经济学家约翰·梅纳德·凯恩斯（John Maynard Keynes）1936年的著作《就业、利息和货币通论》（*The General Theory of Employment, Interest and Money*）。凯恩斯认为，投资行为不能用理论或理性选择来解释，投资冲动受"动物精神"，即靠自然本能驱动。

之处。但是，从20世纪70年代中期开始，华尔街变成了一块磁铁，吸引着美国最优秀商学院的MBA毕业生。他们很快意识到，在华尔街，他们无须用自己的钱冒险就能挣到数百万美元的薪水。今天，无论是大银行、对冲基金公司还是私人股本基金公司，华尔街仍然吸引着那些不愿意冒险但却自信有能力用别人的钱发家致富的人。

同样在20世纪70年代中期,华尔街开始雇佣多样化人才。为了设计新产品，华尔街公司的目光不再局限于MBA，而是扩大到优秀的数学和物理学博士，它们还雇用了一批真正的火箭科学家。第一个重大的创新出现在住房抵押贷款市场。过去，地方银行家会向当地人提供住房抵押贷款，帮助他们购买房屋，实现自己小小的美国梦。在发放贷款之前，银行家会全面了解借款人，包括他的名声、社会地位、收入、净资产，以及非常重要的——偿还贷款的可能性。之后的30年里，这笔抵押贷款会一直出现在地方银行的资产负债表中，除非借款人提前还清贷款。银行的盈利能力——银行由钱生钱的能力——主要取决于借款人的信用风险。如果借款人按时支付抵押贷款的利息和本金，银行就很有可能从这笔贷款中获利。因此了解客户非常重要。

这套行之有效的做法从1977年开始改变。当时，一位名叫刘易斯·拉涅里（Lew Ranieri）的布鲁克林人想出了一个对所有人（包括借款者、银行，当然还有他的雇主所罗门兄弟公司）都更有利的聪明主意。如果有办法买下地方银行的所有住房抵押贷款并将之打包，单个借款人的信用风险就会分散到一大批借款人身上。由此产生的住房抵押贷款证券可以分散销售给全球各地的投资者，利率根据投资者风险偏好的不同而变化。最初在所罗门兄弟公司收发室工作的拉涅里集结了一批博士，对住房抵押贷款进行打包、切割和销售。对他而言，住房抵押贷款"只不过是数学"，代表的是投资者可能希望购买的现金流。这个后来被称为"证券化"的强大创意是几十年一遇的创新，它彻底改变了金融业。拉涅里的创意得到了采纳，从理论上来说，它有助于降低美国各地借款者进行住房抵押贷款的成本，因为当住房抵押贷款被打包为证券后，市场的流动性大大提高了，而原先它们只是静静地出现在银行的资产负债表上，将银行的资金牢牢占据30年。拉涅里还对消费者分期支付的汽车贷款和信用卡账单进行了类似的神奇操作。这些贷款最终也被打包为证券，出售给全球的投资者。通过将拉涅里的想法付诸实施，所罗门兄弟公司以及拉涅里本人赚得盆满钵满。

和往常一样，其他华尔街公司破解了拉涅里的"炼金术"，随后开始仿效他的做法，纷纷着手承销与住房抵押贷款相关的证券，与所罗门兄弟公司竞争。一时之间，华尔街上所有与住房抵押贷款有接触的人都变得极其富有。2004年，拉涅里被《商业周刊》誉为"75年来最伟大的创新者之一"。但是，拉涅里及其创新的真正影响是从根本上改变了华尔街的道德准则。过去，买家和卖家相互认识，而拉涅里的创新普及后，购买决定与传统的市场力量再无关联，买家不再向自己认识的卖家购买证券。如今，为了获得高额回报，他们买下某种打包产品的一小部分。这种产品被包在漂亮的蝴蝶结下，看起来就像宣传的那样物有所值，但有时情况却并非如此。沃伦·巴菲特把这一现象称为"新市场的三个I"：创新者（innovators）、模仿者（imitators）和傻瓜（idiots）。傻瓜最终接受了好创意，但却将之推到疯狂的边缘。"在贪婪这样的基本人性面前，人们依然愚蠢至极，"巴菲特曾经这样说道，"眼睁睁地看着你的邻居变富，你觉得无法忍受。你知道自己比他聪明，但他做着那些（疯狂的）事并且变得越来越富有……于是，很快你也开始做同样的事。"

华尔街的另一位创新者是迈克尔·米尔肯。米尔肯是沃顿商学院（Wharton School）的研究生，毕业于20世纪70年代。他的创新在于，他发现，与投资信用评级为AAA的公司债券相比，投资者购买那些评级不尽如人意的公司发行的债券可以获得更高的风险调整后回报。因为评级较低的债券虽然风险较高，但它们向投资者支付的利率也较高。米尔肯意识到，这类债券的供应量非常有限，一旦他的发现公之于世并得到充分认可，其供应量很可能无法满足投资者的需求。在今天看来，这点再明显不过了，但在当时却绝非如此。有了这样一个非同寻常的认识，米尔肯和他的公司德崇证券（Drexel Burnham Lambert）——其前身是曾经受J.P.摩根掌控的费城德雷克斯公司（Drexel & Co.）——开始游说过去从未踏足资本市场的公司发行由德崇承销的债券，以此制造新的"垃圾债券"。在资本市场，企业不是向银行而是向公众融资。德崇不仅为那些无法从银行、保险公司和公开权益市场等传统渠道获得资本的公司承销债券，还率先销售垃圾债券，帮助卡尔·伊坎（Carl Icahn）和T.布恩·皮肯斯（T. Boone Pickens）这样的企业狙击手（corporate raider）[1]获得所需的资金，完成对环球航空公司（TWA）和海湾石油公司（Gulf Oil）等的收购。若非德崇相助，这些收购交易绝对不可能完成。此外，克尔伯格-克拉维斯-罗伯茨（Kohlberg Kravis Roberts）公司和得克萨斯州太平洋集团（Texas Pacific Group）等私人股本公司也在德崇的协助下获得了所需的资金，得以用投资者的钱收购其他企业。很快，曾经名不见经传的德崇开始为这些企业狙击手和私人股本公司提供咨询和融资服务，

---

[1]指在市场上寻找被市场低估的企业然后对其进行投资或收购的人。

协助它们开展疯狂的收购。德崇从中收取了巨额佣金，米尔肯也因此获得了做梦都想不到的巨大财富。单单在1987年，德崇就向米尔肯支付了5.5亿美元的薪酬。这可不是印刷错误。但是，米尔肯有理由获得如此高的薪酬，因为他的非凡创新为德崇带来了数十亿美元的佣金。德崇是垃圾债券市场的主宰，直到多年以后米尔肯的做法被华尔街的同行破解和仿效，他才开始有了竞争对手。

在米尔肯的华尔街生涯中（直到他被禁止从事证券业），他为3200多家公司提供过融资。这些公司遍布各行各业，如果没有米尔肯为它们筹到的资金，很多家喻户晓的品牌就不会存在。德崇在1977年4月迎来了第一笔垃圾债券融资业务——为小型石油勘探公司得克萨斯国际公司（Texas International）承销3000万美元的债券。随后，米尔肯为鲁伯特·默多克（Rupert Murdoch）提供资金，帮助他将新闻集团（News Corporation）打造为国际巨头。米尔肯还为克雷格·麦考（Craig McCaw）融资，帮助他创立了一家全国性的移动通信公司。麦考于1994年将该公司以115亿美元的价格出售给美国电话电报公司，此前其签约用户数量已达200万个。在米尔肯的帮助下，亿万富翁企业家约翰·马龙（John Malone）创建了有线电视帝国，比尔·麦高恩（Bill McGowan）创建了在长途电话市场与美国电话电报公司相抗衡的MCI公司。米尔肯帮助创建了维亚康姆公司（Viacom）[1]、时代华纳有线电视公司（Time Warner Cable）、西班牙语电视网络德莱门多（Telemundo）和媒体国际集团（Metromedia）。在房地产行业，他曾为当今美国最大的住宅建筑商KB房屋公司（KB Home）、托尔兄弟公司（Toll Brothers）[2]、欧瑞尔房屋公司（Oriole Homes）以及如今的普尔特房屋公司（Pulte Homes）[3]募资。在玩具行业，米尔肯帮助过玩具反斗城（Toys "R" Us）、美泰（Mattel）和孩之宝（Hasbro）。在酒店行业，他为希尔顿（Hilton）、戴斯酒店（Days Inn）和假日酒店（Holiday Inn）融过资。在博彩旅游行业，他曾帮助梦幻度假村（Mirage Resorts）、曼德勒度假村集团（Mandalay Resort Group）、哈利士酒店（Harrah's）、公园广场酒店（Park Place Hotel）和米高梅大酒店（MGM）融资，如今这几家公司总共雇用了约60万名员工。他还协助西夫韦公司（Safeway）建成了一张拥近1800家门店、20万员工的连锁超市网络。接受过米尔肯融资服务的其他公司包括7-11便利店（当时隶属于美国南大陆公司）、OK便利店（Circle K）、电影院线AMC娱乐

---

[1] 成立于1971年，总部设在纽约，是世界第四大媒体公司（截至2011年统计数据）。

[2] 美国豪宅建筑商。

[3] 成立于1956年，美国四大房地产公司之一。

公司（AMC Entertainment）、弹球生产商巴利制造公司（Bally Manufacturing）、巴诺书店（Barnes & Noble）、碧翠斯食品公司（Beatrice）、赌场运营商凯撒世界（Caesars World）、时装品牌卡文克莱（Calvin Klein）、香蕉及生鲜品制造销售商金吉达品牌国际公司（Chiquita Brands International）、仪器制造商丹纳赫公司（Danaher）、电池生产商金霸王公司（Duracell）、百货公司菲林的地下室（Filene's Basement）、材料制造商盖福公司（GAF Corporation）、苗圃和园艺用品供应商General Host公司、凯氏珠宝（Kay Jewelers）、办公家具设计与制造商诺尔国际公司（Knoll International）、梅隆银行（Mellon Bank）、费城电力公司（Philadelphia Electric）、婴儿喂养和女性护理品牌倍得适（Playtex）、阳光矿业公司（Sunshine Mining）以及轮胎和橡胶生产商优耐陆公司（Uniroyal Goodrich）等。除了德崇，其他投资银行也帮助数不胜数的公司实现了融资。如果没有米尔肯创造的高收益市场，这些公司可能根本无法生存。毫不夸张地说，华尔街公司承销的垃圾债券创造了数百万个原本可能不存在的就业机会，积累了数十亿乃至数万亿财富。

当然，没有什么比成功更容易让人陷入毫无节制的疯狂。多年来，米尔肯在垃圾债券市场的影响力如日中天。不幸的是，他利用自己的影响中饱私囊，不惜损害客户及雇主德崇证券的利益。他经常私自抽取大笔佣金。他还以完成交易为由，要求买入高价值的公司股权，而实际上却把股权私自留下，并没有转售给投资者。1990年4月，经历了4年的调查和起诉后，米尔肯同意认罪，承认6项关于违反证券法的指控——他只承认自己技术性违法，而否认关于密谋和内幕交易的指控。他被罚款6亿美元。由于米尔肯的不法行为，德崇也在1990年停业清算。米尔肯又向德崇的私人投资者支付了5亿美元，赔偿他们因德崇破产而遭受的损失。在与联邦检察官达成最终和解之前，米尔肯始终否认自己有任何不当行为。他在联邦监狱服了22个月的刑。然而，与部分证券化市场一样，垃圾债券市场如今仍然一片繁荣。尽管米尔肯狂妄自大、目无法纪，但垃圾债券依然是一项极为重要的创新，每年都为华尔街带来巨额收益。

得益于米尔肯的创新，单单2015年一年，那些信用评级较低的公司就在全球范围内筹到了近3720亿美元的资金。如今，这一市场（包括新发行的债券及已有债券）总值已达2.2万亿美元左右，是2005年的3倍。2015年，瓦兰特制药公司（Valeant Pharmaceuticals）在垃圾债券市场上融资85亿美元；边际通信公司（Frontier Communications）融资66亿美元；金融资讯服务公司第一资讯（First Data）分两次融得66亿美元；折扣零售商美元树（Dollar Tree）融得32.5亿美元；菲亚特克莱斯勒汽车（Fiat Chrysler Automobiles）融得30亿美元。这些资金被用来建造新工厂，购买新设备，开发新产品，雇佣更多员工并向他们支付体面的薪水。难道我们不希望竭尽全力促进米尔肯的垃圾债券机器顺利运转吗？

这是非凡的金融炼金术时期。这一时期最后阶段的一大创新出现在1994年的J.P.摩根公司。当时的J.P.摩根公司虽然不再像以往那样强大，但仍然是一家值得尊敬的公司。该公司的长期客户埃克森石油公司（Exxon）希望获得50亿美元的信贷额度，以应对1989年埃克森·瓦尔迪兹号（Exxon Valdez）油轮在阿拉斯加威廉王子湾（Prince William Sound）的大规模原油泄漏事故，偿还可能由此产生的债务。困难在哪里？银行不想让埃克森失望，但又不愿意把如此多的资金拴牢在一项利润低、风险高的贷款上。就在此时，出生于英国、当时年仅25岁的布莱斯·马斯特斯（Blythe Masters）想出了一个主意——将贷款风险转让给第三方，以换取佣金，这样J.P.摩根公司就可以避开监管规定，不必为防范埃克森贷款的违约风险而预留准备金。很快，一个新的领域诞生了，即被称为"信用违约掉期"的风险买卖。这是一种保险，债权人可以对指定贷款或债券是否发生违约进行投保。然而，信用违约掉期与通常的住家保险和人寿保险有所不同：住家保险只能由房屋所有人购买，人寿保险一般来说也只能由被保人自己购买；但是任何人都可以购买信用违约掉期，对某笔贷款、某只债券或某种信用工具的违约风险投保。它是一种合法化的赌博。所有人都可以通过支付保险年费下注，打赌某只由大量住房抵押贷款构成的证券可能会发生还款违约，而购买保险者甚至无须持有这只证券。这类似于让陌生人来赌一赌你的房子是否会被烧毁。陌生的匿名人士需要向保险公司缴纳保险年费（这是他每年都要花出去的钱），而他从中获利的唯一途径就是你的房子被烧成废墟。这可真是一种有悖常理的激励方式！

是哪里出了问题？

华尔街上，金融创新爆炸式地涌现，公司因为外部投资者而资金充沛，新的激励机制前所未有地鼓励银行家、交易员和管理者用别人的钱大加冒险，这一切交织在一起，很快导致金融危机在数量和频率上出现了破坏性的急剧增长。其中有些危机是华尔街造成的，有些不是，在有些危机中华尔街起到了火上浇油的作用。虽然华尔街为美国民众带来了众多益处，但它却不可避免地一次又一次让自己陷入困境。

尽管如此，美国政治家和民众始终认为，要使经济恢复繁荣，就必须解决和摆脱危机。无论是过去还是现在，华尔街在促进美国经济正常运转方面都发挥着极为重要的作用，它容不得任何差错。但是，华尔街的确常常让美国民众感到费解——它为何总在制造麻烦，为何不能变得更安全一些？然而，这最多只能算是公关上的失败。事实上，金融创新对我们所有人都有好处。它降低了资金成本；它让更多地方的更多人有机会获取过去只有富人才能获取的资金；它令大多数人有了自己的信用卡，让很多人能使用无担保贷款购买几乎任何东西；它帮助大部分美国人通过贷款买下房屋、汽车或游艇，或是借钱支付大学学费。此外，在金融创新的推动下，一场新的金融革命正在兴起。在这场所谓的金融科技（fintech）革命中，互联网有望淘汰中间商，实现投资者与借款者的直接对接。华尔街投资银行的公开上市促进了金融创新，而在金融创新出现之前，普通美国民众根本不可能拥有信用卡，也不可能获得低成本的住房抵押贷款和汽车贷款。得益于资本的民主化，全球更多地区的更多人拥有了追求梦想的机会。我们又有什么理由阻碍他们实现梦想呢？

第八章

华尔街为何重要

导读

华尔街，归根到底是人类创造出来的，是为了满足人类自身发展的需要。华尔街的功绩和耻辱，从根本上反映了人性的真相。人性既然是善恶交缠，则华尔街这样一个集中如此多财富的地方，必然就会不断爆发这样那样的问题。

2008年金融危机引发了来自民间和政府的双重反弹。民间人士发起了"占领华尔街"抗议活动，政府则推出了《多德-弗兰克法案》，使合规前所未有的严格。

《多德-弗兰克法案》作者的态度是较为理性的：华尔街所创造的价值还是远超过它所制造的问题，需要以不断创新的监管跟上不断创新的业务。

作者最后发表的将金融家个人资产与公司业绩挂钩的提议在我看来实在是大谬不然。有限责任公司是人类经济发展史上天才的制度突破，企业从此成为由独立的法律意义上的"人"即"法人"，来承担相应的经济责任。公司财产与个人财产也从此分割清楚。如果企业家需要压上全部身家性命以担保自己设立的商业机构，恐怕现有的机构都想要关门大吉，有创业意愿的人也会少得多了。这样的直接影响是就业机会的减少，实在大大不利于经济发展和繁荣。作者此项建议应属激愤之辞，没有实操价值。

2008年的华尔街援救行动令美国民众大为恼火。但是，人们是否应该如此生气？如果让华尔街完全崩溃，任由一家又一家大公司接连破产，再摆脱无价值资产和对外债务，后又以某种新的形式出现，这样真的会更好吗？金融系统无疑会得到整肃，甚至可能被净化，就像是经历了一场火的洗礼。当然，我们无从猜测，如果美联储和财政部没有在2008年对华尔街施以援手，情况会是怎样，因为美联储和财政部**的的确确**在2008年援救了华尔街。顺便提一句，人们可能都忘了，一个世纪前设立美联储的首要原因**恰恰**是：在需要的时候援救华尔街并拯救资本主义制度本身。经济学家约瑟夫·熊彼特（Joseph Schumpeter）[1]有一句名言：资本主义制度毁灭的种子从一开始就种下了。

然而，我们还是很生气。

2009年4月，当时上任仅3个月的奥巴马总统与美国最大、最有影响力的银行CEO们在白宫的罗斯福厅召开了一次臭名昭著的会议。毫不夸张地说，会上的气氛相当紧张。此前，美国股市在1个月内跌到了相对低点。人们纷纷传言，那些刚刚被救出困境的华尔街银行家仍然想办法给自己发了上百万美元的奖金。这一切是怎么发生的？据称，奥巴马很

---

[1] 约瑟夫·熊彼特（1883—1950），一位有深远影响的美籍奥地利经济学家。

想知道其中的原因。一位 CEO 说："这些公司很复杂。"另一位 CEO 补充说："我们正在国际市场上争夺人才。"但是，新上任的总统并不接受这些说辞："先生们，请注意你们说的话，民众不会买账的。"奥巴马接着说道："我的政府是你们和干草叉（pitchfork）[1]之间的唯一屏障。"2009 年 6 月，当时的美国银行 CEO 肯·刘易斯（Ken Lewis）接受了美国公共广播公司（PBS）的采访。此前，美国银行在危机中收购了美林，接着又向其银行家发放了大笔奖金。刘易斯在采访中说，他理解美国民众为何会对奖金一事愤怒。"但这很令人沮丧，因为人们忘了，商业银行是其所在的每一个社区的基础结构。"刘易斯并没将奥巴马有关"干草叉"的言论理解为威胁。相反，他认为这是一个转折点。"我把它理解为一个分水岭。我们遭受的打击已经够多了。不该发生的已经发生了，错误已经犯下了。但是，银行能帮助我们尽快走出这场衰退。你可以长时间地谈论过去，但是最终还是要着眼于当下和未来。"他如此说道。

由于华尔街引发了 2008 年金融危机，人们将之视为洪水猛兽。要说上述会议是华尔街妖魔化的转折点，还为时过早。3 个月后，刘易斯辞职。美国民众根本没有原谅华尔街。G20

---

[1] 一种用来叉干草的农业工具，在农民暴动中常常被用作武器，这里用来比喻愤怒的美国平民。

匹兹堡峰会后，全球最大的19个经济体及欧盟领导人于2009年9月发布公报，主要目的是宣称他们将竭尽所能防止大银行再次引发金融危机。这些领导人在这份公开声明中指出，必须针对"银行和其他金融公司"建立新的金融监管体制，"以严格控制导致危机的过度行为"。他们还宣称："正是缺失责任感和不计后果的行为导致了金融危机，我们不会允许银行业继续按照以往的方式运行。"首脑们"承诺"提高对金融机构的资金要求，"终结""导致过度冒险的"薪酬制度，并让银行家为他们所冒的"风险""承担责任"。"大型跨国公司的资金标准应当与其破产成本相当。"另外，他们还提出了一个明显完全矛盾的想法："我们希望实现没有波动的增长，不会出现周期性的繁荣与萧条，我们希望市场能够培育责任感而非草率鲁莽。"

首脑们承诺，在他们的任期内金融危机不会再次发生，随后指示他们的财政部长和央行行长对此做出保证，全球最大的几个经济体因此不可避免地陷入了经济停滞期。为了整顿银行业，确保大银行不再引发金融危机，这些首脑唯一能够想到的方法就是要求银行大幅提高资产负债表上的资金持有量，目的是保证它们拥有大量流动性来应对未来可能出现的账面资产价值损失。这一要求，实质上是在阻止银行开展任何看起来有财务风险的业务。贷款本身就有风险，银行必须相信借款者会偿还贷款，然而借贷正是资本主义制度的命脉。让监管人员进驻每一家银行，密切监控所发生的一切，禁止所有看上去像是鲁莽冒险的业务，这样做会切断银行的血液循环。抑制对个人和企业的信贷扩张不仅会彻底改变银行和银行业的本质，还会引起普通民众的强烈不满。民众的薪资没有增长，同时又无法获得住房抵押贷款再融资（甚至根本无法获得住房抵押贷款），或者无法通过贷款购买汽车或创建企业，他们会对自己的经济前景越来越灰心沮丧。经济上的绝望情绪往往会导致极端的投票模式（特朗普和桑德斯的惊人胜出以及英国退欧公投的意外结果就是很好的例子）和不稳定的政治局势。在G20匹兹堡峰会上，与会国家的领导人签字批准了彻底改革银行系统的政策，以此惩罚行为不端的银行家。许多领导人的政治命运因此而终结：他们中的大多数人都已经被心怀不满的选民拉下了台，包括法国前总统尼古拉·萨科奇（Nicolas Sarkozy）和英国前首相戈登·布朗（Gordon Brown），只有德国总理安吉拉·默克尔（Angela Merkel）例外。（当然，奥巴马完成了两届任期，但特朗普总统似乎下定决心要推翻他在立法方面取得的成果。）

2010年7月，美国政府兑现了G20承诺，通过了《多德-弗兰克法案》（Dodd-Frank law），其中包括沃尔克法则（Volcker Rule）。整部《格拉斯-斯蒂格尔法案》只有37页长，

其中涉及投资银行业务与商业银行业务分离的关键性章节仅
3页左右，而《多德-弗兰克法案》却长达2300页左右。6年多
过去了，监管人员和收费昂贵的律师仍在费尽心思地对它进
行解读。

绝对应该废除《多德-弗兰克法案》。

沃尔克法则也应该被废除。该法则是保罗·沃尔克（Paul
Volcker）的主意。1979—1987年担任美联储主席的沃尔克曾
经成功抑制了失控的通货膨胀。他认定银行不应该再用自有
资金冒险，在他看来，这种行为导致了2008年金融危机，尽
管事实并非如此。（实际上，从2006年12月开始，高盛就以
数十亿美元的自有资金为赌注，判定与住房抵押贷款相关的
证券市场即将陷入大麻烦。高盛因此大赚一笔，公司的财务
前景一片大好，而同一时期，高盛的很多竞争对手走向了毁
灭。）沃尔克想要阻止华尔街公司使用自有资金进行赌博式的
自营交易，还希望限制华尔街公司用于并购投资的自有资金
规模。保罗·沃尔克似乎没有注意到，上述两种行为并不是
引发2008年金融危机的原因。2010年，奥巴马接受了沃尔克
关于银行系统改革的奇特想法（当然，这主要是因为沃尔克
的提议符合G20宣言，同时也因为这些措施是非常好的政治
手段），将其作为核心部分纳入他签署的《多德-弗兰克法案》。
除非《多德-弗兰克法案》被废除或者修订（就像唐纳德·特朗

普承诺的那样），否则银行业将永远无法摆脱高强度的审查、过高的资金要求以及极端厌恶风险的氛围。新的法规暂时清除了部分过度行为，但也导致银行极其不情愿发放贷款。这似乎是防止金融危机再次发生的正确做法，但它同时又毫无必要地令经济陷入疲软，导致人们越来越难以改善自己的经济状况。这也印证了一个惊人的统计数据：接受美联储调研的美国人中大约有46%称，他们在紧急关头连400美元的支票都无法开出，只能向朋友借钱或者依靠信用卡透支——要不是华尔街，他们连信用卡都没有。

2008年金融危机之后，还有其他一些愚蠢的法规出台。例如，美联储规定，每一家"具有系统重要性的金融机构"，即通俗所说的"大到不能倒"的银行，都必须设立"生前遗嘱"。大银行不得不花费大量人力和财力拟订"生前遗嘱"文件，阐明再次陷入财务困难时的处置方案，表明它们将完全按照遗嘱中的方案进行清算破产，以免美联储和财政部出手干预。这种虚假的安全感无疑是极其荒谬的，但是，出于某种奇怪的原因，联邦监管机构对此颇为满意。"事实是，在大多数决策中，你的逻辑并不会出错，"一位华尔街资深人士在接受采访时告诉我，"出错的是你的假设，而我们对当前状况的假设是我们能够掌控一切，不会有任何糟糕的事情发生。"他也对"生前遗嘱"持怀疑态度。他带着明显的讽刺口吻接着说道："这些金融机构会乖乖投降，以正确的方式去死吗？它们会走到角落，睡上一觉，然后因为动脉瘤破裂而死吗？它们不会癫痫发作？它们不会剧烈反抗？它们不会一不小心打到什么人的脸、打断他的鼻子？它们不那么做是因为它们会听从我们的指示，因为我们会很好地控制贷款？我们能对此做出精准的分析，保证事情不朝我们明令禁止的方向发展吗？这真是一种高高在上的恃才傲物。"

《多德-弗兰克法案》还要求大型银行每年进行"压力测试"，以评判它们面对下一次金融危机时会有怎样的表现。这些测试同样是对时间和金钱的巨大浪费，而且也和"生前遗嘱"一样，让监管者对下一次金融危机中可能发生的事抱有一种虚假的安全感。银行家们一直想方设法在这种年度耐力测试中表现出最好的一面。《华尔街日报》在2016年6月报道称：

压力测试诞生于2009年金融崩盘期间，对于大银行和投资者来说，它已经成为每年一度的关键时刻。银行管理者一边管理银行，一边关注自己的管理举措会对测试结果产生什么影响，为此他们不得不花费数十亿美元开发应对测试的系统。2011年，美联储规定，作为测试的一部分，银行必须提交资本回报计划，于是股息和回购便开始与这些假设性活动的结果息息相关。自那以后，压力测试对投资者来说也变得至关重要了。一些银行家指责美联储的程序过于晦涩和严格，他们抱怨称，美联储对银行资金要求的提高导致放贷受阻、经济受损。尽管如此，银行管理者和监管者都表示，压力测试使得银行更加强大，并迫使银行改进衡量和管理风险的方式。

很明显，联邦政府因为金融危机而惩罚华尔街的意愿过于强烈了。政府出台的政策非但没有促使华尔街复苏，反而起到了阻碍的作用。你是否知道，由于联邦政府大力推行合规政策，目前在华尔街工作的人中，几乎每五个里就有一个负责监督其他四人每天在做些什么；你是否知道，华盛顿的金融监管人员现在可以自由参加银行董事会会议；你是否知道，银行监管人员如今可以对银行的所有事务做出评判，包括某笔个人贷款明智与否、银行必须持有多少资金以及如何使用资金等；你是否知道，各种各样的监管要求严重削弱了债券市场的流动性，导致数百万参加401(k)计划[1]和拥有养老金账户的美国人或他们的受托人买卖债券的成本提高；你是否知道，货币市场的新法规导致伦敦银行间三月期同业拆借利率（LIBOR）升高了近两倍，而该利率不仅是银行之间相

---

[1]美国的退休储蓄计划，可享受税收优惠。

互借款的利率，也是大多数贷款利率的基准。

你最近是否尝试过申请住房抵押贷款或其他形式的贷款？这可不是件容易的事，即使对本·伯南克来说也是如此。伯南克是美联储"零利率政策"的设计师。在这一政策的作用下，美国利率始终保持在历史低位。2014年，刚刚成为一介平民的伯南克未能获得住房抵押贷款再融资，因为他不再拥有稳定的收入来源。这件事的另一个讽刺之处是，尽管美联储出台了零利率政策，但是普通人几乎没有可能享受这一政策。政府一只手给出，另一只手又拿走：一边提供几乎免费的资金，一边又出台新的条例，使这些资金比以往任何时候都难以获得。如果小企业和新兴企业无法从银行贷到款，就业和财富创造就会受到巨大影响，经济增长就会停滞。

应该适可而止了。我们必须停止对华尔街和整个金融系统没完没了的诽谤。不仅仅是对华尔街银行的指责，对其他所有银行的指责都必须停止。有很多银行与金融危机毫无关系，却成了金融危机下的监管牺牲品。据华尔街上的达维律师事务所（Davis Polk）称，新的银行系统管理法规长达22000多页，除此之外还有2300页的《多德-弗兰克法案》——该法案通过已有6年多，但人们至今仍在解读它，更别说理解它了。《多德-弗兰克法案》要求的法规还有20%尚未成文。根据联邦金融分析公司（Federal Financial Analytics Inc.）的数据，2013年美国资产规模最大的6家银行在合规性方面总共花费了702亿美元，几乎比2007年翻了一番。此外，联邦和州检察官及监管人员还以引发金融危机为由向华尔街银行的股东强行索取了2000多亿美元的罚款。据IBM研究院（IBM公司的一个研究部门）研究，单单2015年一年，就有2万多条新法规出台，到2020年，一份"完整的法规编目"将达到3亿页以上，"人类的理解能力将被快速超越"。IBM预计，为了遵守这些法规，金融机构每年付出的成本很快就将达到2700亿美元。特朗普新政府承诺减少繁重的法规负担，希望这一承诺能够兑现。

这不再是一个选择问题，而是一个生存问题。我们必须要保证曾经傲视全球的美国银行系统顺利完成其基本职能，为需要者提供资金，帮助他们开展创新活动、创建新企业、建造新厂房和设备，并以体面的薪资雇佣员工。华盛顿正下定决心要把银行变成公共事业单位，我们不能允许政府将这种想法付诸现实。2015年，全美车祸造成约3.8万人死亡、440万人受伤，但我们不能仅仅因为这个而取缔汽车。我们应该努力让汽车更加安全。对于银行也必须运用同样的原则。必须允许银行谨慎冒险，并从中获取回报。谨慎冒险对于保持经济增长和促进创新至关重要。

但是现在，华盛顿占了上风，美国民众正为陷入低增长、低通胀、低薪资模式的经济付出沉重代价。哈佛大学经济学家、前财政部长拉里·萨默斯（Larry Summers）[1]将这种可悲的状况描述为经济"长期停滞""原地踏步"，GDP年增长率无法超过2%。"现实情况是，如果美国经济增长始终无法突破2%的上限，我们能否实现任何一项国家大计就值得怀疑了。"萨默斯在2016年8月的《华盛顿邮报》专栏中写道。但他给出的处方一直都是一个略显模糊的概念——创造"更多商品需求"。（特朗普在总统竞选期间承诺，他将推出一系列经济政策，包括减税、1万亿美元的基建计划以及减少监管，以促使GDP年增长率达到4%。但说起来容易，做起来难。）

2013年10月，希拉里·克林顿到高盛发表讲话，一名维基解密（WikiLeaks）[2]的黑客攻入其竞选负责人的电子邮件账户，将这次讲话内容公之于众。在讲话中，希拉里·克林顿似乎也和萨默斯一样，担心对银行业的不当监管会造成危害。虽然她因为这场为时30分钟的问答活动而获得了22.5万美元的报酬，但她一定没有料到自己的讲话内容会被公开。希拉里表示，她理解华尔街作为美国经济引擎的重要作用。她把华尔街称为美国的"脊柱"，她说得没错。"我们需要银行业，"

[1]拉里·萨默斯，美国著名经济学家，1999—2001年任美国第71任财政部长，2001—2006年任哈佛大学第27任校长。

[2]大型文档及分析网站，目的是揭露政府和企业的腐败行为。

她说，"现在，美国许多地方的银行都没有做它们该做的事，因为它们害怕监管，害怕另一只鞋会掉下来[1]。它们显然吓坏了，因此信贷没有以需要的方式流动，未能促进经济再次增长。它们仍然感到不确定。它们之所以会有不确定感，既是因为它们不知道接下来还会出台什么监管措施，同时也是因为我们刚刚开始有所把控的全球经济又出现了变化。"她指出，"首要的是"，银行系统必须"更透明""更开放"，以便让"这一促进美国经济增长的卓越引擎持续运转"。

唐纳德·特朗普从来没有如此确切地谈论过他对华尔街运营方式的理解，但他肯定对此有所了解，因为如果没有华尔街，他绝对不可能积累起巨额财富，无论这些财富的具体形式是什么——据他自己估算，他的财富总计有110亿美元。他是否会像自己承诺的那样解除《多德-弗兰克法案》对金融系统的桎梏，我们拭目以待。在2016年11月8日赢得总统大选后的首次采访中，他告诉《华尔街日报》，《多德-弗兰克法案》"对银行来说是一个巨大的负担"。他接着说："我们必须摆脱或减轻这个负担……银行已经无法放贷。我们的国家因此而失去了竞争力，经济增长也放缓了。"他表示，他了解该法案对那些创造就业的小企业的伤害。"我能借到钱，"他

---

[1] 指提心吊胆地等待后续的监管措施。

说，"而那些真正优秀但需要资金创建或扩建公司的人却没法从银行借到钱。"（话虽这么说，但他并没有把改革《多德-弗兰克法案》纳入重点立法工作。）特朗普钦点的财政部长史蒂文·努钦（Steven Mnuchin）2016年11月30日在CNBC上表示，《多德-弗兰克法案》"太过复杂"，"致使贷款缩减"。他说，"政府在监管方面的第一要务"就是对该法案的部分内容进行"精简"。

让经济恢复增长的最好方式之一就是鼓励银行发放贷款，承担风险，赚取收益，积极创新，向资本市场提供流动性。但是，银行的这些基本职能却与华盛顿的议程相去甚远。目前，华盛顿仍然希望银行提高持有资金、缩减贷款、降低对资本市场提供的流动性并减少创新。新法规甚至对银行应该如何做广告做了规定。最为极端的是，沃伦参议员依然想把大银行拆分为小块，她还祈祷这些小块解散消亡。华尔街的问题并不是银行规模太大、资产集中度太高或者从事的业务不当。事实上，大型华尔街银行是全球金融业的领先者，令那些因监管日益严格而苦苦寻找生存之道的竞争对手（尤其是西欧银行）羡慕不已。

不，华尔街的问题仍然在于激励措施不当。如果用别人的钱肆意冒险能够带来奖励，人们一定会这么做。问题是，华尔街上所有顶级银行家、交易员和管理者都无须再用自己的财产冒险,因此即使冒险失败,对他们来说也没有什么不同。无论成败,他们都能赚到钱。这才是华尔街需要改变的地方,而不是由政府来规定华尔街可以从事哪些业务以及银行规模应该如何——这种观点既落后又荒谬。

但是,诸如沃伦、桑德斯和麦凯恩参议员这样的政客并不了解金融激励机制,也不了解人类的行为动机。(特朗普总统是否了解尚不清楚。)他们只知道政治机会主义,只想通过迎合民粹主义赢得连任。事实上,政界人士和监管者仍然因为华尔街引发了2008年金融危机而执意继续惩罚华尔街,并竭尽所能确保华尔街再也不会出乱子。如果银行系统是一个行为不端的孩子,这样做也许讲得通。然而实际情况却是:我们需要银行冒险;需要它们放贷;需要它们为资本市场提供充足的流动性;需要它们积极创新,想出办法让更多人以低成本获得他们所需的资金。当然,与这些基本职能密不可分的是,必须让银行家、交易员和管理者对自己的不良行为负责。但是,这是司法部门的工作,政界人士和监管者不应该攻击所有在华尔街辛勤工作的人。桑德斯和沃伦甚至阻止拥有华尔街工作经历的人在政府部门任职,尤其反对他们进入政府最高层。他们反复申明,如果特朗普任命的人曾在华尔街工作,他们将不断想办法加以阻挠。(特朗普似乎对他们的威胁无动于衷。虽然华尔街早就不再为他的商业计划提供融资,但他还是在自己的政府里安排了大量华尔街人士。）

华盛顿非但不允许银行做该做的事，反而想以2010年的《多德-弗兰克法案》及其中的沃尔克法则为大棒，将银行打击到全面瘫痪。（当然，鉴于前面已经讨论过的原因，如果沃伦参议员的21世纪《格拉斯-斯蒂格尔法案》获得政治支持并成为法律，它也一定会起到同样的作用。）新法规对资产低于100亿美元的社区银行打击尤为严重。哈佛大学肯尼迪政府学院的马歇尔·勒克斯（Marshall Lux）和罗伯特·格林（Robert Greene）发现，虽然社区银行仅占未偿付银行贷款的22%，但它们占农业贷款的比重超过75%，占小企业贷款的比重约为50%。他们还发现，从2010年《多德-弗兰克法案》获批到2014年，社区银行的数量减少了14%。

就在日益严重的收入不平等使得小企业和地方企业的贷款需求变得极为迫切之时，社区银行扩大信贷、吸收存款和促进商业的职能却被削弱了。大部分银行高管不敢说出这种情况，原因很明显——联邦和州监管机构控制着他们的银行牌照。但是，制商银行（M&T Bank）的CEO罗伯特·威尔默（Robert Wilmers）无所畏惧。制商银行位于布法罗市，是一家迅速发展的银行。"要恢复这些关键职能，就必须在银行和监管机构之间开展良性对话，必须了解新政策造成的意想不到的后果，必须掌握技术变革带来的影响，必须从整体上理解快速发展的金融服务业。"他在2016年致股东的信中写道，"即使中小银行对危机的发生负有责任，它们的责任也非常小，然而它们却被卷入这场巨变，承担了与责任不匹配的重担，因而无法再像以往那样专注地服务于当地的家庭、企业和农民。虽然我们的目标都是维持金融系统的安全和稳健，但是银行业目前所处的大环境是银行和管理机构之间缺少合作——这似乎是政治氛围的产物，在这种氛围中，银行始终处于压力之下，只得不断想办法证明自己进行了改革。"

监管机构和中央银行也对一直以来保证资本市场正常运转的华尔街大银行进行打击。如今，合规专员随处可见。2015年，摩根大通聘用了8000名合规专员；目前摩根大通共有23.6万名员工，其中4.3万人从事合规工作，几乎比2011年翻了一番。高盛在2015年将员工人数增加到了3.68万名，该公司称其中很多人都是合规专员。监管人员也随处可见。金融危机之前，华盛顿监管人员很少出现在华尔街银行中（所谓的"低干涉"监管），而现在，一位华尔街高管告诉我："人们经常能看到监管人员。"

自从摩根士丹利在金融危机期间转型为银行控股公司后，监管人员便渐渐占领了整个公司。美联储和美国通货监理署（Office of the Comptroller of the Currency）的联邦现场监察员在摩根士丹利拥有自己的办公室。"他们可以随心所欲地在任何时候去任何地方。"前摩根士丹利首席财务官露丝·波拉特（Ruth Porat）在接受采访时表示，之后她就离开摩根士丹利前往谷歌担任首席财务官。监管人员可以参加董事会会议，他们可以查看和监控贷款组合，他们审查每一笔杠杆贷款，他们定期查看信贷决策。波拉特试图对这一新形势进行粉饰。"这让我们成为更好的公司，"她说，"让我们拥有更高的可预测性。"摩根大通的董事长及CEO杰米·戴蒙（Jamie Dimon）可没有那么圆滑。他说，华尔街正受到监管人员的"攻击"。"过去，你只要应对一个监管人员，"他在一次与投资者的对话中说道，"而现在需要应对五六个。你们都该清楚这是多么典型的美式风格。"

新法规很快还限制了华尔街曾经的一项基本职能：向债券市场提供流动性，让大小客户能够以满意的价格出售债券而不引起市场价格剧烈波动。换句话说，你完全可以肯定，当强生公司的债券以面值交易时，只要卖掉强生的债券就能获得与面值等额的回报。在监管机构迫使华尔街的银行为资产负债表上的证券配置更多宝贵的资金后，华尔街正逐步放弃这项职能。华尔街的银行并没有把资金拴在这些证券上，相反，它们渐渐减少了做市。这似乎是一个影响有限、无关紧要的变化，实则不然。在经纪账户、401(k)账户或养老基金中持有债券的美国人数量超过1亿，如今他们很难再以自己能接受的价格出售债券。这是非常痛苦的。特朗普竞选获胜后，这种痛苦变得格外明显，当时债券市场出现了大规模抛售，部分原因就是流动性减弱。

近来还有一桩有关短期利率LIBOR的事件。你应该在意吗？绝对应该。LIBOR决定着全球几乎所有贷款的利率，它也是银行之间相互借款的利率。2016年，三月期LIBOR在几乎没有人注意到的情况下升高了近两倍（从32个基点上升至95个基点）。LIBOR快速升高，反映的是2016年10月在货币市场基金业生效的证交会新条例以及其他预期在2016年12月和2017年1月生效的银行监管新政。银行开始大幅提高同业借款利率。这是一个不祥的征兆，与当时屡创新高的股市和止跌回升的国债（此后，在特朗普意外当选后债市发生了大规模抛售）形成了鲜明对比。

根据证交会对货币市场基金的新条例，货币市场基金必须向投资者说明它们是"优良资产"或者与它们所宣称的价值相符。应美联储的请求，证交会正着手解决2008年9月出现的问题。当时，储备基金（Reserve Fund）这一被认为与储蓄账户同样安全的货币市场基金跌破了面值，即投资于该基金的1美元本应始终保持1美元的价值，但实际却跌到了1美元以下。这是整场危机中令人非常痛苦的时刻。人们在本应安全的投资上损失了钱财，他们当然十分气恼。但是，更为重要的是，由于市场动荡，货币市场基金不再被认为是谨慎的投资，人们对金融系统的信心被削弱了。储备基金之所以会跌破面值，原因在于它并不是简单地保存投资者以现金形式投入的钱，它还用这些钱进行投资，目的是让投资者获得比储蓄账户稍高一些的收益率或投资回报率。储备基金创造较高收益率的途径是投资那些表面上评级为AAA的证券，即刘易斯·拉涅里创造的奇特新颖的AAA级证券化产品，然而（我们都知道），最终结果是这些证券并不是真正的AAA级证券。可以理解，美联储不希望这种情况再次发生，因此针对货币市场基金的新条例于2016年生效。与以往的情况一样，阻止货币市场基金再次跌破面值的伟大目标并没有问题，但是确保这种情况不会重演的措施却造成了意想不到的后果，这才是问题所在。

另一位美联储前主席艾伦·格林斯潘（Alan Greenspan）曾说，美联储是一个制定货币政策的机构，附带还承担监管的次要职能。今天，美联储的货币职能正沦落为附带的次要职能，而监管职能却日益增强，变成了主要职能。美联储工作重点的转移体现在一位名叫丹尼尔·塔鲁洛（Daniel Tarullo）的人身上。他已经成了华盛顿最令人畏惧、最强势的银行监管者，而美国民众对他仍然十分陌生（这一点需要改变，有必要让人们对他和他的改革有所了解）。正是在塔鲁洛的推动下，美联储开始设法确保"跌破面值"的事不会再次发生。他有能力做到这一点，因为他是联邦金融机构审查委员会（Federal Financial Institutions Examination Council）（真是拗口）的主席，负责监管大银行。但是，塔鲁洛的工作也显示，为了消除华尔街大银行的内部风险，监管机构采取了严厉的监管措施，而这些措施将对我们其他人造成意想不到的后果，贷款利率升高就是其中之一。

2009年1月，奥巴马任命塔鲁洛为美联储理事。（他的任期将在2022年1月结束，尽管在特朗普当选后有传言称他可能提前离开华盛顿。）塔鲁洛出生于波士顿，毕业于乔治敦大学（Georgetown University）、杜克大学（Duke University）和密歇根法学院（Michigan Law School）。他在哈佛法学院执过教，在美国司法部和商务部任过职，并曾担任美国国家经济委员会和国家安全委员会委员。他还曾在克林顿执政期间出任助理国务卿。是红袜队（Red Sox）[1]、《宋飞正传》（Seinfeld）[2]和威廉·福克纳的粉丝。由于拥有幕后操纵的权力，塔鲁洛被称为奥兹国的魔法师（Wizard of Oz）[3]。《华尔街日报》称塔鲁洛为"银行业最举足轻重的人"，因为他的手中

---

[1] 美国职业棒球大联盟棒球队名。

[2] 20世纪90年代美国备受推崇的情景喜剧。

[3] 美国著名童话故事《绿野仙踪》中的魔法师。

握有银行的生杀大权。他掌管着所谓的压力测试。银行每年都被迫参加这些复杂的计算机模型测试，目的是设想未来金融危机爆发时可能会发生什么。对于华尔街来说，压力测试是毫无意义的战争游戏，为了做到合规，银行需要花费上亿美元。塔鲁洛还利用压力测试来判定华尔街银行是否有能力向股东支付股息。

金融危机爆发后，塔鲁洛于2010年从纽约联邦储备银行手中接过了监管华尔街大银行的重要职责，自那以后他就开始执掌美联储。"很明显，在危机爆发之前，美国监管体系的很多方面运转得都不是很好，"塔鲁洛在2010年对《华尔街日报》说，"同样明显的是，我们需要重新思考、重新部署。"〔美联储的各种行动都是秘密进行的，塔鲁洛接替纽约联邦储备银行监管华尔街一事一直未见报道，直到5年后《华尔街日报》得到一份所谓的"三角文件"（Triangle Document），人们才得以了解上述变化。〕由于纽约联邦储备银行长期以来一直手握大权，因此将监管华尔街的职责从纽约移交至华盛顿一事具有重大意义，同时又十分微妙。近100年来，纽约联邦储备银行与华尔街在地理位置上的毗邻一直被视为一个优势。然而在金融危机之后，这种地理上的接近成了劣势。"如果没有请示过华盛顿它是否可以吸气或呼气，这家储备银行就会停止呼吸。"纽约一位著名的银行家在接受《华尔街日报》的采访时如此描述纽约联邦储备银行。

过去45年来，一家又一家华尔街公司争相上市，它们把公开市场当成丰富和廉价资本的来源，利用从别人手中获得的低成本资金积极创新，同时也越来越肆无忌惮地冒险。如今，塔鲁洛已经开始缓慢而坚定地对金融系统中的许多部分进行革除，让华尔街渐渐失去了依托。塔鲁洛似乎特别热切地想要限制银行冒险，但他的做法相当隐秘。他几乎没有上过头版头条，更没有发表过公开声明。他满口"联储语"（Fed-speak）[1]，对于那些没有密切关注事态发展的人来说，他的话如同神谕般晦涩难解。但是在他的推动下，华尔街的确正在发生巨变。

例如，他要求银行大幅提高持有资金。从2009年年初到2014年第3季度，美国前50位的大银行持有的资金量从5060亿美元增加到了1.2万亿美元。他似乎还下定决心要消灭证券化市场。在证券化市场，大量住房抵押贷款、车贷和信用卡贷款被打包在一起作为证券销售给投资者。他谴责华尔街在住房抵押贷款证券化市场上的过度行为，认为这些行为加剧了2008年的金融危机。他是对的。但这是否意味着其他许多证券化产品也应该被取缔，即使这些产品为普通美国民众带

---

[1]指美联储发言人含糊不清、模棱两可的说话方式，代表人物是美联储前主席格林斯潘。

来了好处,让他们享受到更低的利率和更多获取资金的机会?
显然不是。

然而,这正是塔鲁洛的职责所在。在2016年7月的一次
讲话中,他提到了"可挤兑债务"(runnable liabilities)风险。
他指的是2008年出现的情况,当时短期有担保债权人决定不
再借钱给华尔街的公司,因为他们不再相信借款抵押品的价
值。塔鲁洛说得没错,短期债务发生了挤兑,导致贝尔斯登、
美林、雷曼兄弟和摩根士丹利等公司没有足够的流动性维持
业务运营。混乱接踵而至。"最近的金融危机与以往的大多数
银行危机一样,起始于短期债务挤兑,投资者对他们通过各
金融中介机构投资的资产价值产生了怀疑。"他在2016年7月
的讲话中如此说道。他准确地指出,20世纪30年代,银行挤
兑的典型特征是小储户排队提取存款,而2008年则不同,争
相退出的是机构,而且它们根本无须排队,只需按下电脑上
的按键即可撤资(就是如此简单)。塔鲁洛解释说,接下来发
生的就是华尔街的银行"没有足够的流动性偿付所有拒绝继
续投资的机构",于是银行被迫"减价抛售资产,这进一步压
低了资产价格,导致其他许多中介机构持有的资产贬值,保
证金要求提高,更多资产被抛售"。他继续说,那些资金较
为充足的公司则倾向于"囤积"资金,"因为它们不确定自己
的资产负债表是否会承受更大的压力,也不愿意像俗话所说

的那样'去接下落的刀子',买下价格暴跌、不知何时才能触底的资产"。

为了"保护金融稳定",塔鲁洛在危机后的监管重点始终都放在"可挤兑证券"上。他规定货币市场基金不可再投资于AAA级证券化产品。在数以百万计的美国人看来,货币市场基金安全有保障,因此他们对这类基金投入了数十亿美元。而在塔鲁洛眼中,AAA级证券化产品不再是"安全"的投资对象。如果阻止货币市场基金投资于高评级证券化产品,它们一定会更加安全,尤其是当这些基金转而购买真正安全的国债时。然而,塔鲁洛的决定造成了一个意想不到的后果——证券化市场的心脏被捅了一刀,因为高评级证券的主要买家受到监管,而离开了这个买家,证券化市场便会逐渐消亡。2016年上半年,华尔街银行发行的此类资产支持证券(asset-backed securities)比前一年同期减少了36%。这一数据还不包括由房利美(Fannie Mae)[1]和房地美(Freddie Mac)[2]两家由政府控制企业支持的证券化产品。同一时期,住房抵押贷款支持证券的发行量减少了42%。

[1] 成立于1938年,是美国最大的"政府赞助企业",从事金融业务,目的是通过住房抵押贷款的证券化扩大美国二级住房抵押市场,2008年9月次贷危机发生后由美国政府接管。
[2] 成立于1970年,美国第二大"政府赞助企业",商业规模仅次于房利美,旨在开拓美国二级住房抵押市场,2008年9月由美国政府接管。

不用说，华尔街对塔鲁洛深恶痛绝。一位华尔街CEO告诉我，塔鲁洛"本人凌驾于法律之上"。他说，"金融界的每一个人都极其讨厌"塔鲁洛。"他根本不在乎经济会受到什么影响，"他继续说道，"他只关注自己的一亩三分地。人们害怕这个家伙是因为跟他没法商量。他就像是个独裁者，只有他才知道什么是对的。"

一小部分人了解塔鲁洛正在做什么，他们颇为气愤地对此撰文评论。"过去30年来，华尔街的公司花费了大量时间按照自己的主张、为了自己的业务之便重新定义资本。而目前的局面之所以会形成，归根到底是因为美联储坚决但毫无必要地撤销了华尔街的公司对资本的定义，"马德罗宏观经济咨询公司（Madrone Macro-Economic Advisors）的创始人之一拉尔夫·德·吉迪斯（Ralph Del Guidice）在2016年8月给客户的信中如此写道（注意，这是以他个人名义写的信），"……请做好准备，一切都将重新定价，因为只要有美联储，就会有如此令人不快的结果；这就是生活……如果你取缔金融炼金术、任由市场自行运转，那就不要对结果感到惊讶。"

辩证资本管理公司（Dialectic Capital Management）的对冲基金经理约翰·费西索恩（John Fichthorn）仔细研究了塔鲁洛重新设计金融系统的举措，并利用自己的对冲基金找到了一种在市场再次崩溃时获利的方法。他的方法类似于

2008年金融危机前一小群对冲基金经理进行的豪赌——迈克尔·刘易斯（Michael Lewis）[1]的畅销书《大空头》（*The Big Short*）和亚当·麦凯（Adam McKay）[2]2015年的同名电影为这些基金经理立了传。费西索恩建立了自己的大空头，因为他认为塔鲁洛的疯狂行为将把经济拉下悬崖。他告诉我，塔鲁洛以及美联储的其他监管人员都有一个极端的观点——他们认为，如果没有联邦政府的援救，金融系统就不可能在2008年的金融危机中幸存下来。"我觉得这些都是胡扯，"他说，"他们认为每一次系统失灵都必须依靠救援，因为在他们看来，每一次失灵都有蔓延的风险、会导致市场波动，而资产价格下跌就等同于就业减少，等等。他们觉得自己不得不每隔五年就对金融系统进行一次救援，对此他们非常不满。"

费西索恩更愿意相信，市场会像历来那样优胜劣汰，联邦政府没有必要认为自己每次都得出手援救华尔街上的坏小子，因为这会让政府形成一种观点，认为只有限制华尔街冒险才能防止不良行为。他相信，即便是在动荡不安的市场上，也总会有人为了获得高回报而甘愿冒险投资。换句话说，费西索恩希望监管机构让市场发挥作用。"他们可不这么想，"他告诉我，"他们认为自己必须拯救市场。每隔五年他们就得

---

[1]迈克尔·刘易斯，美国当代报告文学作家、财经记者。

[2]亚当·麦凯，美国电影导演、监制、编剧和演员。

进行一次救市。那么，我们怎样才能摆脱我们不得不出手拯救的问题呢？这可不是我们的错，因为我们每次都尽力拯救了，而问题却越来越严重。这是他们的错，因为是他们创造了证券化产品。我并不是说证券化没有问题，但是坦率地说，如果他们让市场自行发挥作用，市场将会淘汰不良的证券化产品。但是他们没有这么做。他们总是要去救市。"

费西索恩说，他认为塔鲁洛的"圣战"（他的原话）带来了一个意想不到的后果——限制了华尔街得以傲视全球的根本所在：冒险、创新和创业精神。在他的想象中，身处华盛顿的美联储理事们正围坐在他们那张椭圆形大桌子前，抓耳挠腮地想要弄清为什么新增就业低于应有水平，为什么新成立小企业的数量下降了，为什么创业活动减少了，为什么经济增长依然如此疲软。"答案是，没有创造性破坏就没有新企业出现，而他们又认定创造性破坏不是他们想要的，"他如此说道，"他们不喜欢任何与'破坏'沾边的东西。所以他们阻止了破坏，结果与破坏相伴的创新也一并消失了。"当然，费西索恩是绝对不可能影响塔鲁洛或美联储的，于是他做了自己唯一能做的事：他认为塔鲁洛的做法终将酿成极其恶劣的后果，因此他大规模做空美国经济，如果他赌对了，他和他的投资者将从中获利。

塔鲁洛决意取缔华尔街的金融炼金术。他希望此举能使市场更为安全，防止再次出现1987年以来金融救援措施接连出台、令华尔街饱受折磨的情况。在美联储，塔鲁洛并非唯一持此观点的人。2016年11月，唐纳德·特朗普当选美国总统后8天，明尼阿波利斯联邦储备银行（Federal Reserve Bank of Minneapolis）行长尼尔·卡什加里（Neel Kashkari，值得注意的是，他曾是高盛的银行家，还曾担任TARP负责人）制定了他所谓的"明尼阿波利斯计划"（Minneapolis Plan），要求大银行提高持有资金量。他的资金要求甚至超过了塔鲁洛的要求。卡什加里的想法是，通过要求大银行持有大量资金，使它们觉得没有必要再维持现有体量，从而达到拆分大银行的目的。这绝对是一种更加愚蠢的监管手段。

总而言之，美联储凭借其无穷无尽的智慧认定，最重要的是要防止华尔街再次引发金融危机，而非促进华尔街积极创新，让它在最擅长的领域大展拳脚，为全球各地有需要的企业提供它们急需的资金。（塔鲁洛和卡什加里都没有回应我的采访请求。）如果美国民众依然认为惩罚华尔街会让他们受益，那也没问题。然而实际情况截然相反：越早让华尔街银行和社区银行摆脱繁重的惩罚性监管，重新承担起从资金拥有者手中获取资金并提供给需要者的传统职责，美国经济就会越早恢复活力。在此之前，美国经济将始终原地踏步。拉里·萨默斯在2016年8月对《华尔街日报》说，更糟糕的情况是，等到下一次衰退不可避免地来临时，美联储带领我们走出困境的手段将少之又少，因为2008年以来美联储一直刻意将利率保持在很低的水平。"我们应当感到万分担忧，"萨默斯说，"事实上我们正置身于一个相当危险的战场，而手中的弹药却少得可怜。"

华尔街需要的是明智的监管，而非报复性的政治管制。为了防止金融危机再次爆发，塔鲁洛正在摧毁华尔街几十年来的金融创新。事实上，这些都是造福于民的创新，让美国民众得以以较低的成本获取资金。如果没有它们，民众就无法享受到这一好处。毫无疑问，塔鲁洛是真心想让金融市场更加安全的，但代价是什么呢？我们需要找到一种方法鼓励银行家、交易员和管理者谨慎冒险、积极创新，同时又让他们对自己的不良行为负责。本应在2008年金融危机后就结束的风险社会化、收益私有化时代必须被终结。金融危机最为严峻的时期已经过去了8年，但却从未有人提出要对华尔街不对称的薪酬制度进行改革。令人难以置信的是，在这一薪酬制度下，用别人的钱进行冒险的银行家、交易员和管理者可以得到巨额奖金，但是当他们因为拿着别人的钱肆意冒险而酿成恶果时，依然能够得到奖金，而相应的问责措施至多只是蜻蜓点水。当然，有人说行为不端者会被"追回"奖金，但我连一个例子都想不出——除了最近的富国银行丑闻。目前的普遍现象是，华尔街人士依然因为他们的不良行为而得到数百万美元的奖金和升职机会。

对于这种无休无止的恶劣行为，我最喜欢以瑞士信贷银行的常务董事大卫·米勒（David Miller）为例。2016年3月，为了挽回自己在信贷方面的颓势，这家投资银行任命结构性融资主管布莱恩·秦（Brian Chin）和信贷产品主管米勒为全球市场信贷部门的联席主管。对于米勒来说，这又是一份责任重、报酬高的工作，但是他的任命恰恰显示，华尔街银行鼓励的是错误的价值观和错误的行为。从2004年开始，米勒为瑞士信贷设计了一种新的银团信贷产品（Syndicated loan product）——股息资本重组贷款（dividend recapitalization loan）。通过这种贷款，美国西部的高端房地产开发商以被过高估值的项目为担保，借到了大量资金。开发商以股息的形式捞取了数百万美元，而风险却留给了米勒及其团队召集来的新手投资者。

2004年到2006年间，米勒和瑞士信贷推出了50亿美元的此类贷款，随后这些贷款被卖给了投资者。这些交易为瑞士信贷带来了数亿美元的佣金，其中很大一部分当然是被米勒和他的团队收入囊中。从2004年到2008年，米勒的薪酬总计达到2310万美元，其中仅2006年就有720万美元。最终，这些贷款无一例外全部崩溃，投资者损失了几十亿美元。在所有的开发项目都走上破产法庭后，一位联邦破产法官警告瑞士信贷的银行家，称这些贷款从最开始就"注定要失败"。

高地资产管理公司（Highland Capital Management）旗下的一家达拉斯对冲基金公司是其中一些项目的债权人。该基金公司在诉讼中称："瑞士信贷出于赤裸裸的贪婪，策划了这场骗局。"

根据诉讼中公布的电子邮件，我们了解到米勒在他的团队中推行一种明显缺乏责任感的文化。2004年9月，在一封给瑞士信贷其他管理者的内部邮件中，米勒大肆鼓吹即将完结的拉斯维加斯湖度假村（Lake Las Vegas）[1]贷款交易。这是该银行的第一笔股息资本重组贷款业务。他吹嘘说，这一地产开发项目一半股权的拥有者——德克萨斯州富翁巴斯（Bass）兄弟将得到4.69亿美元的股息。瑞士信贷的银行家同行们惊叹于这笔交易的独创性，因为它几乎凭空创造出了一个全新的业务领域。"你一定有一台人类所知的最大、最深的挖泥机。"当时的瑞士信贷不良贷款团队主管格兰特·波萨斯特（Grant Pothast）在给米勒的邮件中这样写道。米勒回信称："只要有佣金，我不惜上刀山、下火海。"他同时指出，瑞士信贷将在这笔交易中赚得900万美元。他又补充道，得知同

---

[1]美国内华达州南部的人工湖及周边的度假开发区。

事们愿意"与他在人生的巨型挖泥机中携手奋斗",他感到十分欣慰。这笔交易在2004年11月完结,瑞士信贷内部盛赞它为"巨大的成功"。

诉讼中披露的电子邮件显示,米勒之所以得到任命,是因为他带来了"体制上的创新",提供了"周密的定位建议",进行了"冷静的、令人信服的客户反馈",并"促使房地产银行家向其他住宅建筑商推广此类贷款"。2005年8月,新业务开始铺开,当一位同事对这一创新产品的某个方面提出质疑后,米勒回复道:"这些都是非常大胆的交易,保护投资者对各方来说都是最有利的,因为只要有一位投资者抱怨,他们就会纷纷从房地产开发市场撤资,我们这棵摇钱树可就倒了。"2007年6月,拉斯维加斯湖度假村贷款交易凭借最终被证明为过高估值的地产,获得了再融资。之后,一份有关该交易的新闻稿在瑞士信贷内部流传。"这篇稿子读起来让人感觉我们像是在经营基因剪接实验室或者铃铛哨子工厂(bell and whistle factory)[1]。"根据法庭文件中的一封电子邮件,瑞士信贷银团贷款团队主管汤姆·纽贝里(Tom Newberry)对米勒和其他人这样写道。你也许会认为纽贝里是在质疑开展此类贷款业务的道德性和伦理性。你错了。"恭喜你。"他接着

---

[1]生产华而不实的小装饰品的工厂。

写道。

"我们要从麻省理工雇一些物理学博士。"米勒回复说。

"不需要，"纽贝里写道，"科学怪人（Dr. Frankenstein）[1]显然已经是我们的员工了。"

瑞士信贷自然支持其员工，它非但不承认让米勒这样的银行家继续留在银行有损于华尔街的信誉，甚至还提拔他并给予他大笔奖金。说实话，这很恶心。"瑞士信贷实行零容忍政策，我们对此严格遵守，"该银行的发言人妮可·夏普（Nicole Sharp）在给我的邮件中写道，"我们的行为和诚信对我们的经营至关重要。这些都是仍然在打官司的旧事，我们不想予以评论。"当然不想。

无论是简单地追回员工的奖金（尽管这种事几乎从来都没有发生过），还是以延期付息股票的形式向员工支付部分薪酬，都不足以阻止不良行为的出现。前贝尔斯登董事长兼CEO吉米·凯恩（Jimmy Cayne）曾经拥有16亿美元的净资产，其中大约10亿美元是其公司的股份。他是华尔街上首位持有自己公司股份超过10亿美元的CEO。2007年1月，当贝尔斯登股票创下历史新高时，凯恩一定觉得自己是华尔街上最幸福的人。你可能会认为，既然他的净资产中有60%以上

---

[1]科学幻想小说《科学怪人》中的主人公，为了创造一个完美的人，他从坟场挖出尸块，将还能使用的部分拼成人形，再通过电击赋予其生命。

都是贝尔斯登的股份，他理应对公司以及在公司内部积聚的风险高度关注。然而，持有超过10亿美元的贝尔斯登股份并不足以让他把精力放在公司上。原因也许是他不了解公司内部的风险正逐渐加剧，也许是打桥牌（他是个桥牌迷）和抽大麻（他的坏习惯之一）更能吸引他的注意力，也许以上皆有。我曾为了撰写《轰然倒下的金融巨头》（*House of Cards: A Tale of Hubris and Wretched Excess on Wall Street*）一书采访凯恩。这是一本有关贝尔斯登垮台的书，出版于2009年。凯恩对我描述了他第一次得知摩根大通考虑收购贝尔斯登且出价远低于公司当时股价的情形。那是2008年3月的一个周末，公司的命运即将被决定。他在周六下午6点左右赶回了纽约，此前他一直在底特律参加桥牌联赛。那时凯恩已经不再是贝尔斯登的CEO，但他仍然是董事长。获悉摩根大通提出的收购价格后，他做起了算术。"我对自己说，（我有）600万股，我被狠狠踹了一脚，"他在2008年时对我说，"但我还算冷静，因为对我来说，8美元和12美元没有什么区别。他们的出价不是170美元，不是100美元，也不是40美元。唯一会感到难受的是我的继承人，而不是我。因为当你有16亿美元，然后损失了其中的10亿，你并不会受到什么真正伤害，不是吗？"

绝对正确。手中仍然握有6亿美元现金的人不可能同16

亿美元损失殆尽的人一样沮丧。这就如同鸡和猪在火腿鸡蛋早餐中的区别：鸡是利益相关方，而猪是责任方。因此，必须让华尔街银行的领导人为他们的公司承担全权，而不仅仅是利益相关。

我们必须废除华尔街的奖金文化，让薪酬制度向1969年DLJ上市之前合伙制文化盛行的时期靠拢。这也不难实现，只需要有一家华尔街公司的领导人愿意做出改变。不幸的是，如今的华尔街上，有胆有识的领导人非常稀缺。

尽管沃伦参议员不会愿意听到这一点，但在金融领域，"规模大"从本质上来说并不是坏事。不管怎么说，要使华尔街的银行巨头回到过去、重新成为资金不足的小型合伙制企业，必定会遭遇巨大阻碍，这可不仅仅是因为我不喜欢沃伦参议员关于拆分大银行的提议。让高盛或摩根大通重新成为私人合伙制公司，实际上意味着买断公众股东的股份。目前，高盛的股权市值大约为1000亿美元，另外还要再加上收购溢价；摩根大通的规模更大，股权市值在3000亿美元左右。这还没有算上两家公司数十亿美元的债务，在私有化交易中，这些债务很可能需要再融资。要让高盛、摩根士丹利或摩根大通转变为私人企业，就要用私人投资者的资本替代公共投资者的资本，但是我们很可能没有足够的风险资本。我们甚至也不想要如此多的风险资本，因为这并不能解决问题。要想解决华尔街的问题，我们必须大刀阔斧地改革薪酬和激励制度，而且必须立即就改。

我们可以让华尔街的薪酬制度在问责方面向过去的私人合伙制时期靠拢。曾经的华尔街上，只要公司出了问题，合伙人的全部身家都将岌岌可危。因此，对于众多华尔街银行及其合伙人来说，华尔街往往是个万分危险的地方。只要稍有疏忽，一切就都完了。在联邦政府将贝尔斯登从破产边缘拯救回来之前，情况尤其如此，因为那时公共部门不可能出手援救华尔街公司。如果合伙制公司倒闭，债权人就会涌上门争抢公司残存的资产，合伙人很可能失去一生积累的所有财富。

对于困扰华尔街的问题，处方如下：华尔街大公司的领导人必须再次将自己的所有净资产与公司捆绑在一起，一旦公司出现问题，他们的资产也将受到威胁。他们必须知道，自己多年积累下来的每一笔财富，无论是第五大道的合作公寓（co-op）[1]，还是汉普顿的房产，抑或是艺术收藏品和银行账户，都将划归债权人所有。

华尔街现存各大银行的领导人必须尽快指定500名左右的最高管理者（即负责业务运营、主管资金分配、决定员工

---

[1] 合作公寓的产权由公寓公司所有，业主购买合作公寓时，购买的并不是公寓的产权，而是公寓公司的股份和长久租约。

薪酬和升职的高管），然后与其他管理者一起制定一种方法，确保在银行垮台的情况下（即贝尔斯登、美林、雷曼兄弟那样的破产状态或者摩根士丹利那样的濒临破产状态），债券人和股东能够得到这500名最高管理者的全部及所有净资产。

必须对华尔街的领导人进行一些强刺激，促使他们规规矩矩地做事，不再拿别人的钱肆意冒险。我之所以提出这一建议，并不是为了惩罚华尔街，相反，这是对人性的基本认可。无论有没有华尔街，人性都是一样的。请记住，人其实很简单。什么事情有利可图，人们就会做什么。2008年金融危机之前，人们为了得到奖金而滥发住房抵押贷款，将它们打包为证券，赋予它们虚假的AAA评级，再将它们作为所谓的合法投资销售给全球各地的投资者。2016年，距离史上第二严重的金融危机爆发已经过去了8年，银行家、交易员和管理者仍然为了得到奖金而用别人的钱大肆冒险。除非奖励制度发生变化（似乎根本没有人提过要改变它），否则我们就不能指望华尔街的银行家、交易员和管理者改变他们的行为。

只要对华尔街的薪酬制度进行如此简单的改变，《多德-弗兰克法案》和沃尔克法则就会变得无足轻重，它们会被撕碎然后扔到垃圾桶里。合规文化会大大扭转。伊丽莎白·沃伦不会再愚蠢地推进什么新版《格拉斯-斯蒂格尔法案》，因为它完全不适用了。政府不会再逼迫华尔街公司转变为一举一动都要受到监控的公共事业单位。当华尔街顶级银行家、交易员和管理者的所有净资产（不是一部分，而是全部）再一次同公司的命运休戚与共，我们就可以放下心来，他们一定会开始做正确的事情。这才是明智的监管，但却根本没有人如此考虑过。而与此同时，我们现行的监管措施简直愚蠢得令人难以置信。

经济增长几乎与信贷扩张完全相关。如果我们不鼓励银行扩大信贷，或者银行扩大信贷的代价（包括财务代价和监管代价）太高，致使它们不愿意这么做，那么全球经济都将陷入零增长。目前世界四大经济体中的美国、西欧和日本基本上都处于这种状态。全世界都在为实现经济增长而苦苦挣扎。"之所以会这样，不是因为我们经历了金融危机，"一位华尔街高管告诉我，"而是因为我们化解金融危机的措施造成了资金短缺和金融压制。结果，金融中间商无法再履行其正常职能，因为各国监管者正以立法机构、总统和首相的名义将金融机构推入流动性不足、无力发放贷款的境地，进而导致新企业的创建变得格外困难，经济也难以实现正常增长。"

他说，奥巴马政府关于银行监管以及银行规范运营（本质上是让银行变成公共事业单位）的理论成为"压死骆驼的最后一根稻草"，导致美国经济陷入多年的缓慢增长。他说，监管者从这种新的理论观点出发开展监管活动，他们"并不知道自己的所作所为会产生什么社会影响",他们认为自己只是"需要把系统螺丝拧紧的机械师"。他指出,那些最终导致信贷受限的监管决策是"相当愚蠢的行为"。

他赞同这样的观点:我们可以从《多德-弗兰克法案》中那些没有用的部分以及整个沃尔克法则着手,实现更为明智的监管。他说,《多德-弗兰克法案》已经通过6年了,但它要求的许多法规仍然没有成文,"这难道不表示该法案没有意义吗?"他认为应该大幅精简这一法案,保留有效的和有意义的条例,废除其余的。他建议开除所有监管人员,重新雇佣新人。他提议将资历较深的银行家和交易员,即从业五到六年的专业人士,调派至那些负责监管华尔街公司的机构,对监管人员进行为期一年的培训,让他们基本了解华尔街上最新的交易花招。这不仅能让监管人员更加机敏地洞察华尔街上发生的一切,还能帮助他们提出更有针对性和更有意义的监管措施。此外,这样做还能让未来的华尔街领导人更好地理解监管人员的思维方式,帮助对立双方的人员建立私人关系,以便双方能够在必要的时候开展有意义的对话。"他们可以了解这些金融机构的真实情况,报告不再是获取信息的唯一渠道,"他说,"这样,你也是在培养金融机构的下一代领导人,让他们了解监管者担心的是什么,做到知行结合。"

他指出,必须让人们了解2008年9月美联储、财政部和国会联合援救华尔街的真相，不能让某些神神秘秘的版本混淆视听。"的确有些过头的地方，"他在解释事实真相时说，"但事情是这样的。"美联储与财政部及国会在2008年携手做的，恰恰是J. P.摩根在1907年做的，只是因为金融系统已经变得过于庞大、过于盘根错节，此事再也无法依靠单个银行家来完成。美联储承担了最后贷款人的职责，这完全符合其创立初衷。众多大大小小的金融机构得到了短期有担保贷款，抵押品是银行的无负担资产。作为注资的条件，政府获得了这些银行和金融机构的认股权证。银行最终全额偿还了贷款，并支付巨款回购了认股权证。政府从中获利153亿美元。"这可能是史上唯一真正赚钱的政府项目。"他如此说道。

在人类历史上，有很多时候人们会产生错觉。即使事情错得非常明显，生活在当时的人们也会认为没错。人们一旦相信某件事是绝对真理，那么，即便事实并非如此，也似乎没有什么能够说服他们放弃自己的信念，而当真相最终大白于天下时往往已经过去了很多年。人们曾经认为地球是平的，曾经相信太阳围绕着地球转，曾经不相信进化，还曾经认为把水蛭放在身上可以治病，等等。

距离金融危机爆发已经8年多了，我们仍然在继续妖魔化华尔街，阻止华尔街将资本从拥有者手中高效分配到需要者手中，令它无法在这一全球其他金融系统都难以望其项背的领域大展身手。这一切已经远远超出了对华尔街的惩罚。华盛顿监管机构出台的政策正在惩罚美国民众，将美国经济拖入缓慢和无序增长的泥潭。

要解决华尔街的问题，应该针对其薪酬制度，而不是华尔街本身的运作方式。就是这么简单。我们应该修正华尔街的薪酬制度，让银行家、交易员和管理者为他们的艺术收藏、合作公寓和汉普敦房产担惊受怕，然后我们大可以稳坐钓鱼台，静观人们多快会改掉不良行为。

不要去想持续不断的妖魔化对华尔街银行家、交易员和管理者有什么影响，他们不需要同情。更重要的是要想一想经济增长缓慢对美国民众的影响，他们正越来越明显地感到自己受经济环境所困，无法找到出路。这已经威胁到了美国民众的生存。"如果关闭了华尔街，就不会有任何工业，"之前的那位华尔街高管告诉我，"不会有消费贷款，不会有住房贷款，什么都不会有。让我们回到中世纪吧。我们可以试一试，你会爱上中世纪的。中世纪非常棒，只要你不介意黑死病，不介意被分尸，不介意一辈子都生活在出生地方圆七英里内。你会爱上这堆破烂的。中世纪很棒，真的很棒。"

致谢

首先，我要感谢我那杰出、聪慧的代理人乔伊·哈里斯（Joy Harris）。我们曾经谈论过华尔街的神秘之处以及它为何会在2008年金融危机后成为公众和政客怒斥的焦点。正是在那次谈话后，她鼓励我写下本书。自从我2004年从事写作以来，她始终坚定地给予我支持。对她，我感激不尽。

我还要特别感谢我在拉扎德时的同事，也是我多年的好友大卫·苏皮诺（David Supino）和琳达·苏皮诺（Linda Supino）。他们体贴、无私地抽出大量时间阅读我的稿件，并给出了很多颇有助益的改进建议。我在书中借鉴了他们的很多宝贵见解。如果不是为了帮我看稿子，他们完全可以去做更有价值的事。我非常感激他们对我的帮助。

我将永远感谢我在兰登书屋的编辑本·格林伯格（Ben Greenberg），正是他的热切希望支持我完成了本书。还要感谢他一路以来提出的编辑建议以及为了让本书尽快出版而付出的辛劳。感谢他给予了我专业精准的帮助。我还想感谢兰登书屋的另一位编辑凯特琳·麦凯纳（Caitlin McKenna），她根据本的要求仔细阅读了书稿，指出了许多重要问题，并做了多处修改，使得本书的表述更加清晰。此外，我也要感谢兰登书屋的吉娜·森屈罗（Gina Centrello）、苏珊·卡米尔（Susan Kamil）和安迪·沃德（Andy Ward），他们从最开始就和本一样对本书抱有殷切希望。同样还要感谢兰登书屋的本杰明·德雷尔（Benjamin Dreyer）、芭芭拉·菲永（Barbara Fillon）、安德里亚·德韦（Andrea DeWerd）和梅勒妮·德纳里（Melanie DeNardo）。

俗话说，养育一个孩子要举全村之力，写书也是同样。我要再次感谢一路以来给予我宝贵支持的朋友，包括彼得·戴维森（Peter Davidson）和德鲁·麦吉（Drew McGhee）（我要把他们排在首位）、本杰明·阿布拉莫维茨（Benjamin Abramowitz）、苏珊娜·安德鲁斯（Suzanna Andrews）、黛安·阿切尔（Diane Archer）和史蒂文·普雷瑟（Steven Presser）、查理·贝尔（Charlie Bell）和苏·贝尔（Sue Bell）、克拉拉·宾汉（Clara Bingham）和乔·芬纳蒂（Joe Finnerty）、琼·宾汉（Joan Bingham）、迈克尔·布洛德（Michael Brod）、玛丽·伯纳姆（Mary Burnham）和布拉德·伯纳姆（Brad Burnham）、布莱恩·伯勒（Bryan

Burrough）和玛吉·沃尔什（Maggie Walsh）、杰罗姆·巴特里克（Jerome Buttrick）和M·D.巴特里克（M.D.Buttrick）、约翰·巴特里克（John Buttrick）和亚历克斯·钦（Alex Ching）、迈克尔·康奈尔（Michael Cannell）和伊丽莎白·康奈尔（Elizabeth Cannell）、艾伦·康托尔（Alan Cantor）和帕特·康托尔（Pat Cantor）、格莱登·卡特（Graydon Carter）、苏·克雷格（Sue Craig）、唐·爱德华兹（Don Edwards）和安妮·爱德华兹（Anne Edwards）、约翰·弗兰纳里（John Flannery）和特蕾西·弗兰纳里（Tracy Flannery）、汤姆·弗莱克斯纳（Tom Flexner）、艾尔·加纳（Al Garner）、杰西卡·格夫（Jessica Guff）和德鲁·格夫（Drew Guff）、斯图·琼斯（Stu Jones）和芭芭拉·琼斯（Barbara Jones）、弗兰·凯茨（Fran Kates）和迈克尔·凯茨（Michael Kates）、乔·凯利（Jon Kelly）、杰米·肯普纳（Jamie Kempner）、彼得·莱特曼（Peter Lattman）和伊莎贝尔·吉利斯（Isabel Gillies）、杰弗里·利兹（Jeffrey Leeds）和伊丽莎白·马歇尔（Elizabeth Marshall）、汤姆·李斯特（Tom Lister）和阿曼达·李斯特（Amanda Lister）、简·梅耶（Jane Mayer）和威廉·汉密尔顿（William Hamilton）、贝萨尼·麦克林（Bethany McLean）、琼·麦克菲（Joan McPhee）和迈克尔·吉尔森（Michael Gilson）、埃斯特·纽伯格（Esther Newberg）、埃里克·奥

瑟曼（Eric Osserman）、杰伊·派拉夫斯基（Jay Pelofsky）
和玛莎·派拉夫斯基（Massa Pelofsky）、理查德·布莱勒
（Richard Plepler）、亚当·里德（Adam Reed）、大卫·雷斯
尼克（David Resnick）和凯茜·克莱玛（Cathy Klema）、艾
琳·鲁登（Eileen Rudden）和乔什·波斯纳（Josh Posner）、安
迪·萨万（Andy Savin）和考特尼·萨万（Courtney Savin）、
查理·舒乐（Charlie Schueler）、帕姆·斯科特（Pam Scott）
和菲尔·巴尔什（Phil Balshi）、吉尔·席沃（Gil Sewall）、
罗伯特·山菲尔德（Robert Shanfield）和弗朗辛·山菲尔
德（Francine Shanfield）、吉米·辛普森（Jim Simpson）和
苏·辛普森（Sue Simpson）、安德鲁·罗斯·索尔金（Andrew
Ross Sorkin）、彼得·索罗斯（Peter Soros）和依勒克拉·托布
（Electra Toub）、艾略特·斯皮策（Eliot Spitzer）、杰夫·斯
特朗（Jeff Strong）和凯莉·斯特朗（Kerry Strong）、道格·斯
通普夫（Doug Stumpf）、赛勒斯·万斯（Cyrus Vance）和佩
吉·万斯（Peggy Vance）、威廉·范·德文特（William Van
Deventer）、海默·威玛（Helmut Weymar）和卡洛琳·威玛
（Caroline Weymar）、克特·怀特（Kit White）和安德里亚·巴
尼特（Andrea Barnet）、杰伊·温斯洛普（Jay Winthrop）和路
易莎·温斯洛普（Louisa Winthrop）、丹·尤金（Dan Yergin）
和安吉拉·斯坦特（Angela Stent）、蒂姆·扎格特（Tim

Zagat）和妮娜·扎格特（Nina Zagat）。当然，还有吉玛·奈亚克（Gemma Nyack）。还要感谢《名利场》（*Vanity Fair*）《纽约时报》《财富》、CNN和彭博财经频道（Bloomberg TV）的各位亲爱的朋友和同事，感谢他们一直以来的支持。

我还想感谢包容我的亲人，他们是富特（Futter）一家、舒特金（Shutkin）一家、海肯（Hieken）一家、菲尔德曼（Feldman）一家以及科汉（Cohan）家族的其他人。我的父母苏和保罗是天下最好的父母，我的兄弟彼得和吉米是天下最好的兄弟。对于我结发25年的妻子黛比·富特（Deb Futter）以及我的两个无与伦比的儿子泰迪和昆汀，除了"我非常非常爱你们"之外，我还能说什么呢？

我希望《华尔街简史》这本书能够帮助我们翻过2008年金融危机这一页，继续推进华尔街改革的重要事业，让华尔街重新承担起保持经济增长的职能，这是它必须承担的核心职能。当然，如果书中有任何错误或疏漏，责任完全在我。

图书在版编目（CIP）数据

华尔街简史：现代金融业的诞生、发展和危机/
（美）威廉·D.科汉著；李晟译. --杭州：浙江大学出
版社，2021.3
　　书名原文：Why Wall Street Matters
　　ISBN 978-7-308-19066-4

　　Ⅰ.①华… Ⅱ.①威… ②李… Ⅲ.①金融市场－经
济史－美国 Ⅳ.①F837.129

　　中国版本图书馆CIP数据核字(2019)第064630号

浙江省版权局著作权合同登记图字：11-2018-462号

华尔街简史：现代金融业的诞生、发展和危机

［美］威廉·D.科汉　著　李晟　译

责任编辑	黄兆宁
责任校对	黄梦瑶　许艺涛
出版发行	浙江大学出版社
	（杭州市天目山路148号　邮政编码310007）
	（网址：http://www.zjupress.com）
排　　版	西风文化工作室
印　　刷	北京文昌阁彩色印刷有限责任公司
开　　本	880mm×1230mm　1/32
印　　张	6.125
字　　数	107千
版 印 次	2021年3月第1版　2021年3月第1次印刷
书　　号	ISBN 978-7-308-19066-4
定　　价	60.00元